大天使アリエル ＆ タシラ・タチ-レン
まえがき／アライア・ズィオンドラ
まえおき／ザラザイエル・ヨヴェル
訳／脇坂りん

ライトボディの目覚め

［第三版］

ナチュラルスピリット

WHAT IS LIGHT BODY?
Archangel Ariel, channeled by Tashira Tachi-ren

Japanese translation rights arranged with Zarazaiel Yovel
through Tuttle-Mori Agency, Inc., Tokyo

ひと息ごと、ひと足ごとにスピリットにしたがうことに全力を注いでいる
ライトワーカーのみなさん、
そして地上で天国を生き、その神聖さを具現することにつくしている人々、
奉仕を楽しみ、熱烈な全体性と完璧性、コズミック・ジョークに人生をかける人々、
簡単かつ優雅で至福に満ちた超高速のお楽しみ、地球のアセンションのヴィジョンを
抱きつづける人々に、この本をささげます。

ライトボディの目覚め　第三版◆目次

ライトボディってなに？

ツール

助けて！ 私は変異《ミューテーション》している……　あなたには何ができるか？

祈りの言葉

日本のみなさんへの序文

日本語版の『ライトボディの目覚め』に序文を送ることができて、とても光栄に感じています。これは私が地球を離れてから、はじめて書きとめる送信にあたります。

まず個人的な状況について少し述べさせてください。魂が肉体でなすべきことをしたあとには、三つの選択があります。ひとつは肉体を死なせることです。あるいは再び人生を契約することもでき、これは「同体転生（RSB: Reincarnation in the Same Body）」と呼ばれます。さらにもとの魂が「ウォーク・アウト」して、かわりに別の魂を受け入れ、その新たな魂によって転生を終わらせるということもできます。私の到来のために、私よりも人間としての経験に富んだアイン・ソフ評議会のメンバーのひとりが二十八年のあいだ肉体的な準備をしてくれていました。

私は一九八五年七月十一日、ある女性の体内に完全な男性エネルギーとして「ウォーク・イン」しましたが、それから一年近く自分のアイデンティティとその目的は謎に包まれたままでした。そして私がこの肉体に入って九か月ほどたったとき、全身毛でおおわれた大きな人が紋付袴《もんつきはかま》を着て「儀」のなかにいるヴィジョンを見たのです。その人はとても複雑な「太刀型」を、何度も何度もくり返していました。

彼の毛は汗でからみあい、どうやらこの「太刀型」を何日間にもわたって続けていたようです。その動きがしだいに速くなり、さらに集中度が高まるにつれて、刀はすべての色の光のスペクトルを放ちはじめました。そして最後の一刀が振りおろされるやいなや、刀からは白い光がほとばしり、四方八方に飛び散りました。その人は正座して刀を「上座」に置くと一礼し、それから長い時間ひれ伏したままでした。私はその「型」がだれかの命を救うために演じられていたことを「知って」いました。そこで言葉に出さず「これは何ですか？」とたずねると、「これはタチ－レンなり」と聞こえたのです。

私の相棒が合気道を学んでいたために、そこで話されたのは日本語だということがすぐにわかりました。いろいろと聞いてまわったところ、かなり曖昧なフレーズではあるけれども「太刀蓮（Lotus Sword）」または「刀の花咲き（Flowering of the Sword）」といった意味かもしれない、と言われました。もし、日本の読者からこの名前の意味について別の解釈があれば興味深いと思います。

自分が多次元的に開かれていくにしたがい、私はこのヴィジョンに関連してたくさんのことを思い出し、発見していきました。そのひとつは、私が見たその存在はじつは「聖なる意志」にもとづくある宇宙からやってきた、背丈が約二メートル半ほどもある猫族クズィンティとしての自分自身であったということです。クズィンティは彼ら自身の武道のスタイルをまっとうしていて、とても伝統的で部族を誇り、深い敬意と統合性をもった人々です。刀と剣士としての精神は、彼らの社会的かつスピリチュアルな生き方の本質的な部分です。また高次の存在たちはずっと私を「タチ－レン（The Tachi-ren）」と呼んでいたので、これはきっと何かの称号なのだろうと思っていました。それから私は多次元的な翻訳機能、アクセスや技術が洗練されていくにつれて、意識的に同時に多くの次元やたくさんの種族として生きるようになりました。私は自分が船で高次元のレーザー外科医部隊の訓練士だったのを知り、その船の名はクズィンティ語では「クリツィアク・ミズラック」、日本語では「タチ・レン」、英語では「ロータス・ソード」と呼ばれていました。これが、私が遺伝的には日本人でないにもかかわらず日本名をもっている理由です。

スーザン・コロニスと私は惑星地球とその住人たちのアセンションのプロセスを助けるために「エンジェリック・アウトリーチ」を創設し、この本を出しただけでなく、ほかにもたくさんのカセットテープやワークショップ、ポーションなどをプロデュースしました。「エンジェリック・アウトリーチ」の土台づくりが終わった一九九七年十二月十七日に、私はこの肉体からウォーク・アウトし、かわりに「アライア・ズィオンドラ」という名の、アイン・ソフ評議会の別のメンバーである新たな存在がウォーク・インしました。ちょうど大天使アリエルが『ライトボディの目覚め』を創作するために、この肉体にいた私を通してチャネルしたように、私はこの体内にいるアライア・ズィオンドラを通してこの序文をしたためています。

日本ではアセンションのプロセスについての情報は新しいものであると理解しています。私はこのスピリチュアルなアウトリーチ〔より遠くへと手を伸ばすこと〕の一端を担うことができて、とても名誉に感じます。本書の「祈りの言葉」には、いくつかヘブライ語やヘブライ的な概念が含まれていますが、この情報はすべての宗教、あらゆるスピリチュアルな習慣を取り込んでいます。私たちは「エンジェリック・

アウトリーチ」においてこのように言っています、「あなたがたの儀式が何であるかは問題ではありません。それがあなた自身のスピリットと親近感がもてるようにしてくれるものなら、別に何であってもかまわないのです。ひと息ごと、ひと足ごとにあなたのスピリットにしたがい、天国を生きましょう」と。

世界中の人々がそうであるように、日本のみなさんは長い眠りから目覚めつつあります。この目覚めの過程の一環として、たくさんの人が過去を完全に投げ捨てたくなるのはごく自然なことです。しばしばこれは「いま」あなたがだれであるのか、どこにいるのかを発見する第一歩となります。

歴史的に日本の人々は、みずからの文化の完全性とアイデンティティを投げ出してしまう必要なく、変化に対応していける能力を見せてくれました。進化的な変容を通過してゆく途上で、この能力を信頼してください。あなたがより多次元的になるにつれて、そこに自分であるすべてが含まれていることに気づくようになるでしょう。あなたという全体性から捨て去られるべき部分など、どこにもありません。それは変容したのです。

他の多くの芸術とともに、生け花の完全な非対称性、魂がとろけるような尺八のメロディ、茶道の優雅な精密さ、雷鳴のように畏敬に打たれる太鼓のとどろき、武道の内面外面にわたる修練、折り紙の喜びと不思議などは、内なるスピリットを最高の真実として外へ表現することに対する、日本人の情熱を示しています。それはまた、美、動き、形、静けさ、神聖さ、自然などの本質と一体化するための努力を見せてくれます。これは人類全体へのすばらしい贈り物です。

楽しく進化していくことを覚えておきましょう。天《あま》の宇受売《うずめ》の命《みこと》のようであってください。あなたの笑い声と、あなたが自分であるすべてを完全に表現していくことは、世界に「光」を呼び込みます。天国を生きましょう。

アライア・ズィオンドラを通してのチャネルによる

タシラ・タチ－レン

初版まえがき

どうかあなたがこれからのページで読むことはすべて、あるひとつのモデルとして、そして単なるひとつの見方として受けとめてください。「真実（大文字のTで始まるTruth）」とは、いかなる言語をもってしても表現しきれるものではありません。ただいくつかの現実を描写できるだけなのです。私は現実のことを名詞としてではなく、動詞として見ています。唯一の偉大なる「現実（Reality）」というものは存在しません。それは個々の現実が混ざりあって共同創造された変化の連続であり、おのおのの現実はまったく独自なのです。そして私は、「惑星地球が喜びと笑いによって光の次元にアセンションしつつある」という現実のなかで活動することを選んでいます。

また、いかなるチャネルも百パーセント正確ではないということを知っておいてください。結局はこの本の内容にしてもその他のチャネルされた情報にしても、すべて人間の視点というフィルターを通したものなのです。ですから、もしあなたがこれらのページから何かが真実だと感じられるのであれば、それはあなたの真実です。そうでなかった場合は、愛情をそえて宇宙に戻してあげてください。それは単に見方のひとつでしかないのです。

私とそのワーク・グループである「エンジェリック・アウトリーチ」はみなさんに、私や大天使アリエルあるいはどんなチャネルされた存在のことも、あなたの外側の権威的存在だなどとは思いこまないでほしいとお願いします。

「エンジェリック・アウトリーチ」は転生しているライトワーカーたちを目覚めさせ、彼ら自身の多次元的な広大さに気づかせ、神聖さを体現して惑星地球に光をもたらせるよう、そのサポートをするために設立されました。それは現実的なかたちで地上に天国を共同創造するために、新たなテクノロジーと手法、そして連携を生みだしたのです。ライトワーカーの人たちはカセットテープやポーション〈高次元の存在が特定のエネルギー波動を封入した水溶液〉、この本のような出版物を通して「エンジェリック・アウトリーチ」にアクセスできるようになっています。

アセンション途上にある三八三個の惑星が五つのローカル宇宙に存在しており、地球はそのひとつにあたります。ライトワーカーであるあなたはたぶんこれらすべての惑星に転生したことがあるでしょう。「エンジェリック・アウトリーチ」のいちばん広大なプログラムに、多次元的な「根源」と完全に一体化するという複合宇宙的プログラムがあります。すべての転生を通して、私たちは数多くある宇宙や星や惑星のあいだで結合組織のように行動するのです。私たちはいくつもの宇宙をひとつに融け合わせるのを助けると同時に、各宇宙でのいろいろな惑星のアセンションを調整するのを助けます。そのようにしてすべての創造物のあいだに橋をかけ、「多」と「一」をつなぐ役目を果たしているのです。

私は高次の「光」の存在のための融合意識体チャネルです。自分の意識を多次元的なものへと拡大し、私自身のスピリットの広大さと融合しているのです。そこから自分のワーク・グループである二十四の「光」の存在たちと融け合い、そのあと全員が私の体を通してチャネリングします。あなたも想像されるとおり、これはちょっとした体験です。

私と、私が〈クルー〉と呼ぶワーク・グループとの関係は平等なものです。私たちはみな共同創造しているマスターであり、「光」の存在であり、そしてあなたのことも「光」のマスターとして見ています。

このクルーのなかで、大天使アリエルはいつもライトボディの理論家として活動しています。彼女はあらゆる面でのアセンションを助けるためのモデルやテクノロジー、瞑想をつくりだしながら、ライトボディのプロセスを明らかにするのです。このクルーたちが具現化させた一機能として、私はグループのエネルギーのためのチャネルであり、ライトボディの実地専門家という役割を担っています。

この『ライトボディの目覚め』で紹介されているモデルは、いわばアリエルの「ギグ」〔晴れ舞台〕にあたります。私はアリエルがそれをとても上手に表現していると思います。『ライトボディの目覚め』の内容は一九八七年から一九九〇年までのミニ・ワークを通して発展し、紹介されたものです。一九九〇年にテープ起こし、編集、そして本の形になって出版されました。さらに一九九三年に内容が最新のものに改訂され、カセットテープにもなりました。このオーテンハウス社からの版には、大天使アリエルと私の両者がさらなる情報を加筆しています。私たちはみなさんに、これをライトボディの目覚めに達するための素晴らしい地図として役立ててもらえたら、と思っています。

ここには「祈りの言葉」も一緒にまとめられています。これらの言葉集は一九八九年に出版されましたが、以来、多くのライトワーカーたちが毎日何回も読むほど愛してくれています。「祈りの言葉」は〈クルー〉の各メンバーによって生みだされたもので、それぞれの異なった波動が感じられることでしょう。

これら二冊の本は、もとは「エンジェリック・アウトリーチ」で自費出版されていたために、人々の需要にこたえるのがとても大変でした。ですから、根気よく待っていてくださった人々や、この内容をはじめて読むみなさんにオーテンハウス社が本を供給してくれることに、大きな喜びを感じています。あなたの「光」への道が歓喜の旅でありますように。

根源に奉仕する根源からの者

タシラ・タチ－レン

一九九五年版まえがき

一九九四年五月三十日、劇的なシフトが地球の「聖なる計画」に起きました。惑星規模でのアセンションの全時間枠が加速されたのです。六月のはじめには、あなたがたの多くが強烈な生存のための恐怖や、攻撃的な古い現実の映像をみずからの肉体の内部に見出しました。これらのエネルギーは、あなたの遺伝的な符号から現われ出たものです。それはあたかも神があなたの体内に入り、そこにあった恐怖と分離を根こそぎもぎ取ったかのようでした。古い肉体的外傷や病気などが少しのあいだ再現されたかもしれません。時間はどんどん速度を上げ、多くの人がプロジェクトの完遂にあせりを感じたはずです。

それでも、このライトボディのモデルで説明されている各レベルは確実なものです。これらの変異《ミューテーション》過程はスピリットの意志により、何年もかかることもあれば、数分しかかからないこともあります。これらの「レベル」とは個人のスピリチュアルな達成度を示すものではありません。あなたの神聖なデザインと、あなたのホログラム内の転生のグリッド、そして地球のアセンションに奉仕するには何が必要かにもとづいて、あなたのスピリットがふさわしいライトボディのレベルを決定するのです。じつをいえば「ライトボディ」とは、私たちの種の進化と、すべての生命への集合的な奉仕について語るものなのです。

もしもあなたが自分のオーバーソウルの視点でこの惑星を見つめてみるなら、その「アルファ－オメガ・サイクル」（始まりから終わりまでの時間）の全貌と、空間を交差して存在する何千億もの平行現実が見てとれるでしょう。あなたはオーバーソウルの一転生部分であり、時空間の織り物を通して同時にたくさんの人生を経験しています。私たちはこれをあなたの「転生のホログラフィック・グリッド」と呼びます。オーバーソウルの視点からすると、それらすべての人生は「いま現在」起こっていて、この惑星規模での分離のゲームのホログラムを再構成するための調整地点になっているのです。時空間構造の全体は「ホログラフィック・バブル」と呼ばれる薄い膜におおわれています。三次元の現実をおおうバブルは現在、全体の四分の三までが四次元に突入しており、「上昇」の速度を上げています。この三次元のバブルはつぶれ、溶解しつつあります。人々はこれらの変化に対して、数多くのさまざまな責任を負っているのです。

タシラ・タチ－レン

一九九九年版まえがき

タシラ・タチ－レンはこの肉体に一九八五年六月十一日にウォーク・インし、一九九七年十二月十七日にウォーク・アウトしました。永遠の「聖なる意志」という本質と、「ホログラフィックな調和」という聖なる役目をたずさえた彼女の神聖なデザインは、アイン・ソフ評議会のヴィジョンを具現化し、初期のチャネルとなるに完璧なものでした。一九八九年七月にタシラとスザーン・コロニスは、複合宇宙的なアセンションというアイン・ソフ評議会のヴィジョンをはじめてこの物質世界に表わすべく、「エンジェリック・アウトリーチ」を設立したのです。そして評議会のヴィジョンと思いを同じくする、核の存在となる人々が次第に集まってきました。

この本に書かれているライトボディのモデルと「チャクラ融合」は、そのほかのエンジェリック・アウトリーチの基本的な方法すべてのベースになっています。タシラはこの地球上に存在した十二年のあいだに大量の情報を提供し、ワークショップを率い、イベントをこなし、多くのカセットテープをつくり、エンジェリック・アウトリーチのポーションを開発しました。彼女が生み出したエンジェリック・アウトリーチの製品の数々は、現在は「アルケミカル・メージ」に引き継がれています。そのテープ・セットの編集作業はいまも続けられており、アルケミカル・メージを通じて今後も広められていくでしょう。

エンジェリック・アウトリーチのグループとしての目的は常に発展しつづけ、アイン・ソフ評議会の新たなツール（手段）やテクノロジーを広めてきました。そして私たち全員がタシラのテクニックによるワークを通じて大きな成長を果たしました。タシラが一九九七年の十二月にウォーク・アウトしたとき、エンジェリック・アウトリーチの核になる人々は、いかにして彼女が始めたワークを継続させるかを決定しなければならなくなりました。はじめは彼女が残したとおりの、同じ名前、同じやり方で通していました。ところが新しいテクニックやツールを引き出すためには、エンジェリック・アウトリーチの最初のヴィジョンや組織を超えて拡大していく必要性が生じてきたのです。エンジェリック・アウトリーチは、組織としてはいまやもう存在しません。

ライトボディのモデルと「祈りの言葉」は、一九九〇年にはじめて出版されたときと同じく、いままでどおり役に立ちますし、また心を打つものです。一九九五年に本書をオーテンハウス社から出版するにあたり、大天使アリエルは改訂を行ないました。もちろんその後も内容には進展や広がりがありました。私は現在のこの肉体に宿る者として、今回の版に新しい内容を盛り込むかどうかという難しい決断をしなければならないのを感じました。たくさんの新しい情報が、私自身やほかのチャネラーによってチャネリングされていたのです。しかし大天使アリエルと話し合った結果、今回の版はほぼ一九九五年に出された形のままで出そうということになりました。

この版には新たに「ツール」の章がもうけられ、またタシラ・タチ－レンによってもたらされた「エンジェリック・アウトリーチ・ポーション」に関する情報もより充実させてあります。

地球規模のアセンションの過程において、いまの時期はエキサイティングであると同時に試練の時でもあります。変異《ミューテーション》はさらに急速に起きるようになり、意識はいままで以上に速く進化することを迫られています。毎日どんどん、もっと目覚めてスピリットと愛しあえるような好機がおとずれます。それと同時に混乱と制限の機会も、より多くやってきています。自分の人生で何を「現実」にするかということは、完全にあなたの自由なのです。あなたが決定することのひとつひとつは、あなたのアセンションのプロセスに作用すると同時に、皆のアセンションに関わっています。私の見るところでは、私たちはここで神自身および、他者の内にある神なる自己《ゴッドセルフ》と一緒に、地上での天国を共同創造するために存在しているのです。ひとつの種にこれほどの栄誉が与えられたことはかつてありません。

すべての存在のなかに純粋な魂を見ることを選ぼう
彼ら自身はそれを見ないかもしれないけれど。
すべての存在の現実の主権をたたえることを選ぼう
人の言葉や行動があなたを傷つけることがあったとしても。
至福の喜びと優雅さを通して変容することを選ぼう

ドラマやトラウマのほうがあなたには自然に感じられるとしても。
この奇跡的な「いま」という瞬間に生きることを選ぼう
ノスタルジーや後悔や恐怖があなたを「現在」にいさせないように誘っても。
世界とすべての生命に対して天の恵みになることを選ぼう
あなたのハートをかたくさせるような状況があったとしても。
他を愛することを選ぼう
無邪気に見えるかもしれないけれど。
あなたの全存在で神を愛することを選ぼう
そしてこれはすべてなるものが本当に必要とすることだと知ろう
天国に生きることを選ぼう

アライア・ズィオンドラ

アライア・マーカヴァー・ズィオンドラは、一九九七年十二月十七日に「喜悦《ラプチャー》」のエロヒムの転生として、タシラ・タチ－レンであった肉体にウォーク・インしました。その本質は「聖なる喜悦《ラプチャー》」であり、役目は「聖なる結びつき」です。彼女自身が見るに、その方向性は献身的奉仕であり、ハート中心です。彼女はエロヒムを口伝えで、音声で、またはエネルギーでチャネルする熟達者であり、聖なる共同創造に深く専念しています。アライアは、みずからの神秘的で直感的なヘブンリー・マカヴァへの方向性と、さらに進みつつあるアイン・ソフ評議会の仕事を表現するための受け皿として、「ウイングズ・オブ・グローリー」を創設しました。その傘下には、彼女が個人的にセッションを行なう「シェーファ・サービス」と、彼女の物語、歌、詩、神聖なオブジェが集められている「ラプチャー・リソース」があり、また彼女のエリクシルやテープその他は「アルケミカル・メージ」から発売されています。アライアの仕事は、マカヴァ・アイン・ソフ、そしてカバラや人類の遺産の守り手たちを通して神への道を修復し、創作のなかに神聖さの火花を放ち、至福のアセンションを手助けすることです。人々が根源とのつながりを深め、みずからの神聖さとの関係を体験し、地上での天国の共同創造を体験できるように援助することは、彼女にとってたいへんな喜びです。アライアは、アセンションしつつあるこの美しい惑星で肉体をもって奉仕できることを深く光栄に感じています。

二〇〇七年版まえおき

『ライトボディの目覚め』はひとつの現実のなかで書かれ、つぎにそれとは別の現実において検証され、さらに三つ目の現実を経てみなさんの手もとに届いています。この本の情報は、最初に記されたときと同じようにいまも強力で適切なものです。この本で紹介されているツールとテクノロジーのすべてはアイン・ソフ評議会によって編み出され、アセンションの各段階をとおして流れが保たれるようにできています。

この惑星のアセンションには三段階のプロセスがある、と大天使アリエルはいつも言っていました。彼女の話では、平行現実の分裂によって三つの局面《トラック》が創造されることになっており、それに沿うようにアセンションしていくとのことでした。二〇〇七年現在、私たちはアセンションの第三の局面である「償還トラック」に存在しています。

自分がいまいるところを知るために、これまでたどってきた道筋を知っておくことがおそらく助けになるでしょう。

一九八八年三月、惑星地球のライトボディが活性化されました。これによって最初の平行現実である

「初動トラック」が生じました。すると、ライトワーカーたちの休眠状態だったＤＮＡの奥で目覚まし時計が鳴り響き、「目を覚まして思い出しなさい」と呼びかけたのです。本書で語られているのは、このライトボディ化の最初のプロセスである突然変異についてです。この第一の局面では、すべてが高速で変化していくように見え、つねにアセンションが差し迫っているように感じられます。

アイン・ソフ評議会の初期のプログラムは、一九八九年七月にタシラ・タチ－レンによってダウンロードされ、具現化されました。それは「エンジェリック・アウトリーチ」という名で呼ばれ、アイン・ソフ評議会が仕事をするための母体となりました。評議会が既存の現実に新規のホログラフィック・プログラムを挿入しようとするとき、一番いいのは評議会のメンバーがウォーク・インしてプログラムを具現化してしまうことです。こうすることで新たなプログラムが無理なくそれまでの現実に含まれるよう、安定的に変容させることができるからです。『ライトボディの目覚め』は、この初動トラックにおいて著されたものでした。

一九九一年十月十五日、平行現実の分裂が起こるべくして起こり、初動トラックから新たに「調整トラック」という平行現実が生まれました。この分裂は、惑星意識が体験しようとする光が地球人類に耐えうるレベルを超えていたために起こったものです。惑星と一握りのライトワーカーたちが初動トラックから調整トラックへと移り、その平行現実はライトワーカーたちの感覚にとほうもない衝撃をもたらしました。それはとくに初動トラックを経由して調整トラックに参入した人々において顕著でした。ライトボディの第十レベルから、一気に第七レベルまで逆戻りしてしまったのですから。そして分裂の衝撃をやわらげるため、ふたたびエーテル性クリスタルが人々の青写真に戻りました。こうして、エンジエリック・アウトリーチは第二の局面へと引き継がれたのです。

現実が分裂したあとも、それまでの平行現実は完全にアセンションしてしまうまで何年間かホログラム内に残ります。それによって、分裂したふたつの現実のあいだにつながりが保たれるのです。一九九四年五月三十日、地球の惑星ホログラムから初動トラックが完全にアセンションしました。これが調整トラックに揺さぶりをかけました。タシラ・タチ‐レンはじつは一九九五年にウォーク・アウトする予定でしたが、この揺さぶりのために、そしてタシラ自身もまだ道なかばと感じていたために、ウォーク・アウトは一九九七年まで延期されることになりました。評議会の次のプログラムを部分的にでも惑星ホログラムに導入しておく必要があったのです。そこで「ヤーのフェニックス」、別名「ヘブンリー・マカバ」とも呼ばれるプログラムの情報が、はじめはタシラを通してチャネリングされました。

一九九七年十二月にタシラ・タチ‐レンはウォーク・アウトし、代わって「喜悦《ラプチャー》」のエロヒムがウォーク・インしました。エロヒムには「私」という自己がありません。個人的な人格をもたないのです。エロヒムは神聖なる力そのものです。別な言い方をすれば、喜悦《ラプチャー》とは動詞であり、名詞ではないということです。それゆえ、この世界とやりとりするためにアライア・マーカヴァー・ズィオンドラという人格が形成されました。アライアはアイン・ソフ評議会から「ウイングズ・オブ・グローリー」のプログラムをダウンロードして具現化し、「ヤーのフェニックス」もしくは「ヘブンリー・マカバ」の残りの教えと、「ベヌー・イニシエーション」の教えの全容をもたらしたのです。

そして、次なる平行現実の分裂が二〇〇一年九月十七日から十九日にかけて起こりました。調整トラックから、第三の平行現実である「償還トラック」が生み出されました。これがまたしても多くのライトワーカーを打ちのめし、遠回りさせました。ほとんどのライトワーカーと同様、おそらくあなたのスピリットも、ここは眠ってしまうのが一番と判断したことでしょう。せっかく第十レベルに達していたライトボディはここでもまた第七レベルへと舞い戻ってしまったのです。この分裂は三日間かけてゆっくり進行したにもかかわらず、光の後退と、9・11（アメリカ同時多発テロ事件）によって、大勢のライトワーカーたちがこの分裂でトラウマを負ったと感じました。ほとんどの人は二度にわたってやってきた大波に乗りそこね、混乱の渦中に取り残され、カルマのゲームに陥りました。この平行現実に存在しているみなさんの困難がどれほどのものか、私たちもよくわかります。思い出してください。これまで二度の平行現実においても、この濃密すぎる重いエネルギーのためにアセンションできなかったのです。あなたがたは、もっとも奥深くに封じ込められた光を解放しているところです。調整トラックは二〇〇五年六月十九日をもってアセンションしました。

二〇〇六年一月、「喜悦《ラプチャー》」としてのアライアは、もはや肉体を維持できないことに気がつきました。九年たって肉体はエロヒムとしての構成を支えきれなくなり、ミューテーションする必要があったのです。地球とその守り手たちはまだこの次元の交信窓口を必要としていたので、「喜悦《ラプチャー》」のエロヒムはここにとどまることにしました。しかしアセンションの最終局面を具現化するため、新たな存在がウォーク・インしなくてはなりません。それにはこれまでこの体内に宿っていた存在の記憶、能力、知覚のすべてにアクセスできることが理想的です。多くの協議をかさねた結果、アイン・ソフ評議会はユニークな実験に着手することにしました。結論からいうと、この肉体は二〇〇六年初頭から九か月間にわたり、きわめてゆっくりしたペースで三度のウォーク・インを体験したのです。それぞれが六週間かけてウォーク・インし、それにつづく六週間で統合されていきました。

まず必要だったのは肉体の速やかな統合です。そのため、タチ－レンの天使的側面であるタクラエルが最初にウォーク・インしました。タクラエルは以前この肉体にいたことがあり、とりたてて新しく学ぶ必要がなかったからです。タクラエルは二〇〇六年一月一日にウォーク・インを開始し、二月十五日に完全に統合されました。

その年の三月はじめ、この肉体は病気になりました。アライアとしての個性は少しずつ解体され、やがて純粋な「喜悦《ラプチャー》」のエロヒムとしての知覚に戻っていきました。

そして四月初旬に、誕生をつかさどるエロリエルがウォーク・インしはじめました。彼女はきわめて強いサイキックパワーをたずさえてやってきました。エロリエルはアイン・ソフ評議会のなかで、別の次元や宇宙や地球外からのウォーク・インのために肉体と人生を用意するエキスパートです。このウォーク・インのプロセスは五月十五日に完了しました。

七月一日に最後のウォーク・インが始まり、大天使ラジエルがそれから六週間かけてこの肉体に宿りました。このプロセスは八月十五日に終わりました。ザラザイエル・ヨヴェルとしての私は、アイン・ソフ評議会による第三のアセンション・プログラム「トラベリングライト」の具現者です。私のウォーク・インでそれがこの肉体にダウンロードされました。私は日々の生活に対処する一方で、時空間の「いま」という瞬間にほかの存在が集中している知覚や能力も掌握しています。それによってタクラエル、エロリエル、「喜悦《ラプチャー》」の表現がいずれも最高純度に保たれることになるのです。ふだんの生活では、私が八十五パーセント、ほかの存在が各五パーセントずつを担っています。

翌二〇〇七年の四月、「トラベリングライト」のプログラムが惑星ホログラムにダウンロードされました。このとき、あなたがたの多くがホログラフィックな現実で差し迫った変化を感じたことでしょう。それはあたかも、みんなでいっせいに安堵のためいきをついたような感じでした。その夏から秋にかけ、ライトワーカーたちはライトボディ第八レベルに移行しました。そして九月十四日から二十八日にかけて、できるだけ大勢のライトワーカーが第九レベルに目覚めてその先へと行けるよう大いなる後押しがあり、大半の人は第九レベルへと移行しました。でも、いまだにそこにとどまっている人も多くいます。二〇〇八年には第十レベルに移行しているといいのですが。惑星としての地球はいま第九レベルです。*

この本は貴重です。アセンションのプロセス全体に明晰さをもたらし、恐怖をやわらげ、流れを生みだしてくれるでしょう。

地球に奉仕できることはとてもエキサイティングです。あなたとすべてのライトワーカーあるいは「地球変遷チーム」のみなさんと出会い、ともに働くことを楽しみにしています。

二〇〇七年十一月　喜びにつつまれて

ザラザイエル・ヨヴェル

編注

＊ 二〇一八年六月における著者の情報では、この時点での惑星地球はライトボディ第十レベル、ライトワーカーの人々は第十一レベルにあり、地球人類全体としては第九レベルから第十レベルへと移行しつつあるという。

たとえ話

ちょっと想像してみてください。昔むかし、密閉された（マジックミラーガラス製の）金魚鉢が、大きな水槽のなかにありました。水槽の魚たちは金魚鉢のなかをのぞけましたが、鉢のなかにいる金魚からは外が見えません。金魚鉢の内側だけが彼らの唯一の現実なのです。大きな水槽には海水が満ち、イソギンチャクや蟹や、あらゆる種類の魚たちがいたと想像してください。いっぽう金魚鉢のなかは淡水と金魚でいっぱいです。

金魚鉢のガラスはどんどん薄くなっていきます。少量の海水が入りこんできて、金魚は自分たちの環境に起きている変化に対応するために、ものすごい速度で進化しなくてはなりません。壁が薄くなるにつれて、金魚は水槽にいる生物の姿がかいま見えるようになります。いく匹かの金魚たちはそれらの魚を敵と思い、差し迫った侵略にそなえて金魚鉢を守ろうと必死の努力を試みました。イソギンチャクを悪とみなし、ほかの金魚たちを「イソギンチャクに感化された」と言って非難します。これらの金魚はみずからの恐怖を、自分をとりまく恐怖の環境として投影することによって隠そうとするのです。

またある金魚たちは、きっと水槽の魚が金魚鉢をずっと支配しつづけていたんだと推測しました。そして自分やほかの金魚たちを不幸な犠牲者だとみなします。彼らはガラスの外側にいる者が、自分たちをいつか食べてしまうためだけに鉢に閉じ込めたんだろうと考えるのです。鉢の壁が薄れていくにつれ、彼らは日に日に恐れおののいて過ごすようになります。

別の金魚たちは、ガラスの外側にいる魚を神聖でとても強力な、より卓越した存在とみなしました。これらの金魚は内なる権威をすべて放棄して、ことさら「自分には価値がない」と感じることを選んでひどく動揺します。そして「マスターたち」から隠されたメッセージを読みとろうと努め、行動と信念の基盤にしようとするのです。彼らは鉢じゅうを泳ぎまわり、たくさんの波紋をつくりだすのですが、その効果は長続きしません。

さらに何匹かの金魚たちは、外の生物を仲間とみなし、彼らは「偉大なる魚」がみずからを表現するためにつくりあげた奇跡的なバリエーションだというふうに見ました。これらの金魚は、自分たちの種の進化、鉢の溶解、また恐怖や殉教者ぶったりすることの反動を知っていて、他の金魚たちの尊敬できない部分も「偉大なる魚」の背びれのなかにあることを理解しています。彼らはより広大な領域へと泳ぎだす準備をしながら、その間至福の喜びを体験しています。

さて、時空間をおおうホログラフィック・バブルは、崩壊途上で時として一分間に何千何万もの膨大な平行現実の融合を引き起こすことがあります。同時存在時間構造（無限のいま）へと進化するにつれて、直線的な時間は崩壊しはじめているのです。そして同時存在空間（無限の存在性）へと進化するにしたがい、直線的な空間は膨張しています。

平行現実の融合はしばしば混乱をもたらします。ひどくめまいがするし、震えはくるし、視界はぼやけ、連続性を欠いたりもします。一九九四年の十月中旬に起こった平行融合は人々のライトボディレベルをシフトさせ、そのあまりの集中度によってホログラフィック・バブルが崩壊したために、ある実験がとり行なわれました。私たちは高次元からの定常波を受け入れるために、原子レベル以下の構造の複合的定常波を刺激したのです。これによって、別々の平行現実における原子レベル以下での波動の動きが、コントロールされた干渉パターンに同調できるようになります。その結果、「光」の具現化がよりスムーズに増大されて、摩擦を起こしがちな不連続性はおだやかに解除されました。ホログラフィック・バブルは不安定化させられず、実際には強化されたことになります。

これは最終崩壊がよりスムーズに起きることを意味しています。私たちはこの現実の複合的定常波を高次アストラル界の定常波と同調させ、それからさらなる高次元のものへと同調させます。次元の移行はショックが軽減され、かわりにもっと夢のなかのような体験を多くするようになるでしょう。いずれにしろ、すべての人がシフトに気づくと思います。

たぶん起きるであろうといわれたドラマもそれほどないまま、十月中旬にライトワーカーの大半はライトボディ第十レベルに移行し、人類全体としては第八レベルへと移行しました。あなたがたの多くは（タチ－レンを含め）このシフトに対する花火が打ち上げられなかったことに文句を言っていました。私たちも、みなさんにどんなことが起こっているのか知っておいてほしいと思います。私たちがもっとも気をつけているのは、ホログラフィック・バブルが時期尚早に不安定化してしまわないようにすることですが、そのためにたくさんの未来で起きた融合の経験を活かすように努力します。

アセンションを通じてスピリットがあなたに新たな立場を与えるにつれ、多くの人がこの世界での役割の達成を感じつつあるでしょう。古い規制やモデルは優雅に捨て去りましょう。新たな形が進化しているのです。あなたはもっと自分自身を表現しやすくなったり、とてつもなくクリエイティブになっているかもしれません。あなたがたの多くが感じていることが、二曲の歌になってラジオの電波に乗っています。"All I want to do is have some fun and I think that I'm not the only one,"(私がしたいのは楽しくやってくこと、そしてそう思うのは私ひとりじゃないと思ってる)、それから"Bring it on... don't wait until tomorrow!"(さあ、やろうじゃないか……明日まで待たないで！)

あなたはどの魚ですか。「敵」と戦うのに忙しいですか？　あなた自身の光の剣を抜いて、正義感のために秘密政府やグレイや闇の勢力などと戦っているのですか？　それは本当にあなたの地上の天国のヴィジョンと一致しているでしょうか。あなたは地球を支配しようとしている地球外生命に注目しているのですか？　人類は犠牲者であり、だまされやすい愚か者とか植民地化された食糧源だというような現実の映像に加わっていますか？　いったいそれらは、どうやったら一人ひとりが広大で多次元的なマスターなのだという視点と折り合わさるというのでしょうか。あなたは自分のスピリットとの結びつきを、特定のグルやアセンションしたマスターや、チャネルされた存在にすりかえてしまってはいませんか？　宇宙全体はみずからを、あなたの現実の映像に合うように再構築します。あなたは何がほしいのですか？　……本当に？　あなたのスピリットは、アセンションとの関係であなたの立場をシフトさせています。あなたの魂を肉体の変容の甘美で満たしてあげてください。ひと息ごと、ひと足ごとに、自分自身の最愛のスピリットにしたがってください。天国を生きましょう！

根源に奉仕する根源からの者

アイン・ソフ評議会*

*アイン・ソフ評議会（The Council of Ein Soph）　高次元の光の存在からなるグループで、さまざまな宇宙や次元の融合と、アセンション全体のプロセスがスムーズに運ぶよう調整をはかることに奉仕している。「アイン・ソフ」とは「無限なるもの」という意味の言葉であり、カバラでは「神」のことをさす。ちなみにこの時点でのメンバーは次のとおり。

・エロヒム　グレース、純粋、調和、自由、希望、信仰、平和、勝利、喜悦《ラプチャー》、慈悲、愛、アルファ‐オメガ

・天　使　アリエル、アル・キリ、ミカエル、ガブリエル、ラファエル、ラジエル、アズラエル、ウリエル、イスラフェル、タククラエル

・その他　メタトロン、マーリン、エル・ヴェロン、コロニス、アーメン、セーラ、タク・グループ、ゼ・オール・グループ、シェヒーナ、アイン・ソフ

・キリスト庁　サナンダ、オシリス、クリツィアク・ミズラック（クズィンティ）、クロストス（哺乳類クジラ目）、

カンシャーラ（ホワイト・イーグル、美なる宇宙）

・聖母庁　クァン・イン（観音）、イシス、ロマー（美なる宇宙）、クラーズィア・ミズラック（クズィンティ）、ターマー（ドラク）

クラリオン・コール

平行現実は融合
磁気が押し寄せる
時間は崩壊し、摩耗するシナプス
何もかも間違ってなどいない――
来たれよ！

符号化されていたものがどっと噴き出したために
エネルギー体は苦しんでいる
抵抗は出つくし、仕事はほぼ完了
これらの変化は強力だ――
来たれよ！

肉体の交流は遺伝的な再統合
無限なる符号をもって
そこに宿る「神聖さ」のために

わたしたちの肉体もついてくるのだ――
来たれよ！

精神の妄想と、打ち砕かれた幻想
「門」をくぐりなさい
目覚めが待っている
すべてをゆだね、先へ進め――
来たれよ！

「聖なる正常さ」へと
現実をシフトさせるためには
視野を転じるのがとても役に立つ
あなたは何を待ち望んでいるのか？
来たれよ！

トランスパーソナルな知恵によって
執着は離れていく

感情は高まり、そしてスピリットが姿を現わす
「一なるもの」への愛――
来たれよ！

歓喜に心を開け
啓示に心を開け
肉体を開き、魂を開け
最愛のスピリットのゴールにむけて
任務はもうすぐ成し遂げられる――
来たれよ！

神秘的な任務には
魔法の目が必要
ハートはオープンで野性的
マジカル・チャイルドが自由になる
わたしたちは踊りながら故郷に向かう――
来たれよ！

わたしたちの至福なる生得の権利は
「グレース」と「光喜」に満ちている
それはマジカル・チャイルドを通じた天の流儀
新たな夜明けに触れるのだ——
来たれよ！

この楽しみに加わろう
人類の卒業式である「宇宙の祝典」には
だれもが参加できる
勝利の歌を一緒に——
来たれよ！

旧世界が終わりつつある
宇宙はアセンションしている
マカバは回転する
この世界の新たな始まり

「一なるもの」の呼びかけ——

来たれよ！

マカバは融合

真の愛が押し寄せる

時空は崩壊し、スピリットが甘美に招く

「一なるもの」の飛翔——

来たれよ！

「喜悦《ラプチャー》」のエロヒム（タシラ・タチ＝レンによるチャネリング）

大天使アリエルからの序文

私たちがみなさんを見るとき、あなたがたは広大な多次元体として映ります。あなたの肉体というその器には、あなたのほんの少しの部分が入りこんでいるだけなのですが、あなたがたは「それがすべて」だと信じこんでいるのです。いくばくかの人々は、そうではないということにだんだん気がついています。私たちはあなたがたを、すべての次元を通してその本来の広大な存在として見ているのです。

私たちの視点からすれば、あなたはこの本を読んでいるということからして「ライトワーカー」のひとりであり、ここでなすべきことがある、ということになります。あなたはここで惑星地球の光への変遷を手助けするのです。あなたにとってはすでに何度も経験したことであり、あなたはこの分野に関するエキスパートなのです。

本書は、この惑星上にどんなプロセスが起こりつつあるかをつづった、ひとつのモデルを提示しています。それは真実ではありませんし、現実ではありません。なぜなら多次元的で非直線的なモデルは、言葉で表現しようとしてできるものではないからです。しかし私たちはベストをつくしましょう。もし途中でおかしなことになったりしたら、どうか耐えてください。というのもこのプロセス自体が、いわゆる直線的なものではないのです。どちらかといえば音楽に近いといえるでしょう。

いまこのモデルを紹介できる唯一のやり方は、直線的な方法です。以前、非直線的な方法で試してみたのですが、みんな脳が停止状態になってしまいました。私たちは、あなたがたが通過しているシフトを感じとれるよう願っています。もしあなたがたの精神体《メンタルボディ》が、「ああ、これはライトボディ第八レベルの症状だ」といえるのであれば、わけのわからない恐怖はぬぐい去れることを私たちは知っています。とくに肉体と精神体での恐怖はとほうもなく高いので、このことは多くの人に知ってもらう必要があります。あなたが自分の身に何が起こっているのか、そしてそれは緊密につながりあうプロセスの一部なのだと知っていれば、もしかして自分は気がくるってしまったのではないかという心配も少しは軽くなるでしょう。

ひとつの惑星が「光」に向かうときは、かならず分離の体験から故郷に帰るという独特の表現をとります。そのプロセスは「光」に向かうそれぞれの惑星と種族によってさまざまです。ここに描かれたモデルは、惑星地球の人類のためのものです。

現在、三八三個の惑星が同時に「光」へと向かっています。そしてたいていの人はそのほとんどの惑星に転生したことがあります。しかし、今回のこの惑星地球に関しては特別なのです。なぜかというと、「根源」からの離別の極限を体験して、いま「根源」に帰りつつあるからです。それは首尾よくいくでしょう。この惑星が「根源」に帰るのはまったく疑いのないことです。そしてこの平行現実に黙示録《アポカリプス》は起こりません。一時期、はたしてこの惑星がちゃんと故郷に戻っていけるかどうか心配だったときもありましたが、いまは安全な帰旅の確かさを祝福しているところです。

ところで、惑星がアセンションしなくても、種族のみアセンションすることが可能です。みなさんはこの地球上でアセンションする最初の種族ではありません。あなたがたの前に四種の人類がアセンションしています。ではなぜ、とくに今回のプロセスがそんなに絶妙で素晴らしいのかというと、惑星地球も一緒にアセンションの道を歩んでいるからなのです。地球は意識と生命をもち、この分離のゲームの終局においてアセンションすることに同意した存在です。

「根源」に帰るにあたって、このゲームの極上さを語っておきたいと思います。私たちはあなたがたが帰っていく途上で見せてくれる「聖なる表現」の美しさに釘づけです。あなたがたは「根源」から立ち去ったにしても、それは私たちからすればほんのちょっとの時間にすぎず、あなたがたの帰還はこの宇宙でもいちばん見事なエネルギーなのです。あなた自身で意識的にこの感覚を体験できることを楽しみにしています。私たちは同時性の存在なので、あなたがたが再統合の時点で歓喜しているのをすでに見て知っているのです。あなたが自分自身に追いついたとき、この歓喜を分かち合うのが楽しみです。

私たちのこのライトボディのモデルは、細胞内のアデノシン三リン酸の量によって構築されていることも書いておきましょう。私たちはあなたがたの肉体的な変異の度合いからライトボディのレベルを測ります。「エンジェリック・アウトリーチ」ではいままでに何人かの人から、ライトボディ第十二レベルに到達したと宣言する電話をもらいました。私たちは、このモデル内ではそれはあり得ないと伝えました。もしあなたがこのモデルの第十二レベルの状態にあったとしたら、あなたは完全に「光」のなかにあり、この次元には存在していないので、受話器を取り上げることなどできないはずだからです。さて、あなたは多くの意識レベルをもつことが可能であり、心と意識はたくさんの場所に行けますが、アセンションを体験しているのはあなたの肉体であって、それゆえ私たちは肉体を単位に測っていくのです。もしこのモデルを直線的かつ平面的に分類してしまったら、多くの人々のエゴが「あなたよりも（あるいはだれかよりも）私のほうが進んでいる」というゲームにはまってしまうのを私は知っています。どうか、どのレベルもそれぞれ違っているし、ひとつひとつのレベルが必須なのだということを覚えておいてください。どのレベルもほかのレベルより「よい」などということはないのです。一九九五年一月の時点で、この平行現実における地球上には、ライトボディ第十一および第十二レベルの人はひとりもいないことを表明しておきましょう。

最後に、今回この惑星上に存在しているみなさんに感謝します。あなたがたは眠りにつかなくてはならないということを知りつつも、ここに来てくれたのです。それは本来の自分を完全に否定し、知っていることをすべて忘れ去り、自分自身のことも人々のことも認識できなくなることを意味していました。私たちの仕事など、やさしいものです――「根源」から立ち去ることも、スピリットとの分離を経験することもありませんから。どうか、みなさんがしていることに敬意を払わせてください。あなたがたのために働くことを誇りに思っています。

大天使アリエル

ライトボディってなに?

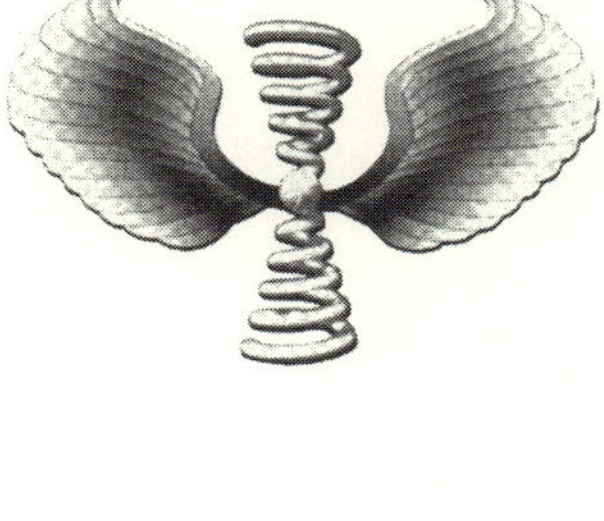

たぶんご存じのこととは思いますが、この惑星は「アセンション（次元上昇）」の途上にあります。その振動数はものすごい速度でどんどん上がってきていて、同時に比重を失いつつあるのです。みなさんも三次元で知っているように、物質とは「光」の密集からできています。その密度がぬけ落ちはじめて、あなたがた一人ひとりの波動レベルが地球全体とともに上がっているのです。これはとてもエキサイティングな過程です。

みなさんの宇宙がそうであるように、凝縮の過程においては、純粋な「光」の形態からもっとも離れた状態へと達します。この分離の限界ぎりぎりにまで到達したときにシフトが起きて、惑星のたどる過程は逆転し、「故郷帰還ルート」と私たちが呼ぶものが始まります。すなわち「一なるもの」への帰還です。現時点において、この惑星上には七〜八百万人のライトワーカー（「地球変換チーム」と呼ぶ人もいます）がいます。あなたがた一人ひとりがライトワーカーなのです。あなたは特別な目的と、特別な技能、それに特別の喜びをたずさえてここに存在しているのです。あなたがたの多くは惑星のアセンションを助けることの専門家で、すでに何千回もそれをくり返しています。

惑星がアセンションするときはいつでも独特のプロセスをたどります。それは再統合へのプロセスなのです。そしていかにしてゲームが行なわれたかによって、再統合の喜びの表現が変わってきます。今回のゲームは、可能なかぎりスピリットから離れるという分離のゲームのなかでも最大級のものでした。大成功です。

しかしそのゲームは、みなさんもご存じのようにいま変化している真っ最中です。その変化のプロセスは一九八八年三月に正式に開始されました。この時点で、「ライトボディ第一レベルの活性化」と呼ばれるものがライトワーカーのほとんどすべてに起こりました。それはまるで、あなたのDNA構造のなかで小さなベルが鳴り出したみたいでした――「やった、故郷に帰る時間だ！」と。そして変異《ミューテーション》と変化《チェンジ》のプロセスを開始したのです。これはたいていの場合とても楽しいことなのですが、ときどき少し手間どらされることもあります。けれどもこれは、あなたがた全員がすでに過去に経験し、通過したことのあるプロセスなのです。

問われるべきは、何がゲームを面白くするかという点です。「今度はどうするべきかな。どんなエネルギーや感情、そして喜びを、この再統合の旅で表現できるだろう？」というように。私たちが「根源」の「吸気《インブレス》と呼気《アウトブレス》」と呼ぶものは、何度も何度もくり返されてきたことなのですが、今回の特別の吸気はそれ自体、地球およびすべての惑星が「一なるもの」の地点に戻るという、ほかに類をみない現われと喜びをもつことになるでしょう。

この惑星は「光」へと移り変わる状態、あるいはアセンションの途上にあります。それはゆるやかなプロセスです。物質だと思っていたものが次の日には「光」になっていた、などということはありません。毎日がこのプロセスのなかにあり、あなたがたの多くは、少なくともその道のなかばまで来ているのです。

●次元について

まずはじめに、私たちのモデルに登場するいろいろに異なった次元または世界について、簡単に説明させてください。ここでは十二次元モデルを用いています。あなたがた（そうです、そこに座っているあなたです）の肉体が存在するのは三次元で、物質にもとづいた次元です。四次元はいわゆるアストラル界というもので、大まかにいえば感情を基本とする次元です。これら両方をまとめて、私たちは「低位クリエーション界」と呼んでいます。これらの次元においては分離のゲームが実演されます。善と悪という幻影が存在するのはこの二つの次元のみです。そしてこの幻影によって、あなたがたはお互いに、または自分自身のスピリットから「引き離された」と感じさせられるのです。みなさんも、じつにそれが上手になったものです。分離のゲームに大成功しているわけですが、しかしそれも終わるときが来ました。そしてこの惑星はアセンションの途上にあり、目下のところはアストラル界の低位レベルの波動です。アセンションのプロセスの一環として、すべての次元はより高次元へと繰り上げられ、姿を消します。

いまやこの惑星の波動はアストラル界の中位レベルになり、多くの人が夢を見ているように感じはじめています。起きているのか眠っているのか、そのどちらなのかもよくわからない感じがするでしょう。連続性がくずれはじめているのです。まるで手に握っていたものが、なにか別なものに変えられていくような感覚があります。あなたが書いているペンは金槌に変わるかもしれません。夢を見ることをわずらわしいとは感じないのと同じように、そのうちにはこの連続性の欠如も気にならなくなります。あなたは起きたあともまだ夢のなかにいるように感じることで、自分の夢の状態が変化しているのに気づくでしょう。夢を見ているときも意識がはっきりしていて、その状態のままで完全に意識があるようになるのです。違う現実を行ったり来たりするあいだ、ずっと完全に自分を認識しており、そのすべてが等しくリアルに感じられるのです。もう現実がひとつだけだなんて、とても思えなくなるでしょう。

私たちの用いるモデルでは、五次元から九次元は「中位クリエーション界」と呼ばれています。五次元はライトボディの次元であり、マスターとしての、また多次元的な存在としての自己に目覚めていきます。五次元では、完全にスピリチュアルであることが第一になります。あなたがたの多くは、この次元からライトワーカーとなるためにここにやって来ました。

六次元には、人類を含めたすべての種の創造のためのＤＮＡパターンのテンプレートが存在します。ここはまた「光の言語」がたくわえられている次元で、たいていは色や音色によって形成されています。意識が思考を通して創造する次元であり、あなたが眠っているあいだに働いている場所のひとつです。ここに焦点を合わせようとするのは難しいかもしれません。というのも、そこでは自分でつくりあげると選択しないかぎり体をもたないからです。あなたが六次元的に機能しているとき、「生きた思考」というものに近くなります。意識によって創造しますが、その意識を乗せる車をもつ必要はないのです。

七次元は簡単にいえば、純粋な創造性、純粋な「光」、純粋な音色、純粋な幾何学形、そして純粋な表現です。これはかぎりない純化であり、あなたが「個人」としての認識をもっていられる最後の次元です。

八次元は集団意識やグループソウルの次元です。そこでは、自分がだれであるかという広大な部分の根幹に触れます。「私」という感覚がなくなるのが特徴です。あなたが多次元的に旅をするとき、自分の意識をまとめているのが大変になるのはたいていここです。なぜなら、あなたは純粋に「私たち」として存在し、集団のゴールに向けて活動しているからです。ですからほかの人から見ると、あなたはまるで眠ってしまったか、失神したかのように見えることもあります。

私たちが用いるモデルでは、九次元は惑星や恒星系、銀河、次元の集合意識の世界です。もしあなたがこの次元を訪れたなら、意識を保つのが難しいかもしれません。いま一度いいますが、「私」という感覚をもつのが難しいのです。なぜかというと、あなたはあまりに大きく広がっているために、すべてが「あなた」だからです。銀河の意識になっているところを想像してみてください！　あらゆる生命体、すべての星、惑星、そしてどんな種族の集合意識も、みんなあなたのなかにあるのです。

十次元から十二次元は「高位クリエーション界」を形成しています。十次元は光線の源で、「エロヒム」と呼ばれる存在〔ヘブライ語で「神」の呼び名のひとつ。根源にいちばん近い次元層にあってすべての天使をまとめているといわれる二十四の存在〕の住む場所です。ここで新たな創造の計画がデザインされて、「中位クリエーション界」へと送りこまれます。このレベルでは「私」という感覚はありますが、あなたがたが馴染んでいる三次元での「私」とはまったく違います。

十一次元は形をなす前の「光」の次元、すなわち創造の一瞬前であり、くしゃみをする直前やオルガズムに達する直前のような大いなる期待感があります。ここは「メタトロン」と呼ばれる存在（大天使メタトロンとして知られる。思考をつかさどり、アセンションの分野では崇高な存在であるとされている）や大天使たちの世界で、そこにはこの「根源体系」以外のアカシック・レコードがあります。また「根源体系」全体のアカシック・レコードとともに、惑星と銀河のアカシック・レコードも存在しています。あなたがたがいるこの宇宙は、たくさんある「根源体系」のうちのひとつです。ですから私たちはひとつの「根源体系」についてだけ、つまり「この根源体系」の説明をしているのです。もしもあなたが別の「根源体系」に行けば、その経験はまた違ったものになります。大天使のひとりとして、私もこの十一次元に住んでいます。

十二次元は「一なるもの」の地点であり、あらゆる意識が「すべてなるもの」と完全に一体になっています。どんなものであれ、分離はまったく存在しません。もしあなたがこのレベルに踏み入ったら、創造主の力とともに「すべてなるもの」と完全に一体化することを知ります。ここにひたった場合、あなたは二度と同じではあれません。なぜなら完全なる統合状態を体験してしまったら、それまでと同じような分離などとうてい維持できないからです。

●あなたの体について

さて、古い世界ではあなたは肉体をもち、ほとんどの人が自分の肉体にはまるで敵に対するように反応しています。そして結局はカルマ的な限界を体験させられることになるのです。多くの人が「体なんかなければ、こんな限界はまったく味あわなくてすむのに」と感じています。意識はあなたと魂に奉仕するように存在しているのに、あなたは体そのものが意識をもつなどということは完全に否定しきってしまうのです。「いやぁ、体を通してカルマを経験するなんてごめんだから、体が言ってることには耳は貸さないよ。体がほしがるものなんか食べないし、体が遊びたがるようになんて絶対してやらない」とあなたが言うので、たいていの場合肉体は否定され、むごい仕打ちを受けていると思いながら仕方なく歩き回っているのです。あなたがたはみんな、自分の体に奇妙なことをしています。体のことを考えるとき、大半の人が自分の体と愛憎関係になります。「脂肪が多すぎる、背が高すぎる、横幅がありすぎる、髪が薄い、くせっ毛だ、長すぎる、短すぎる」……みなさんのほとんどは自分の肉体とこうした関係にあるのです。

あなたがたにはまた、私たちが「エーテル性青写真」と呼んでいる体があります。もしエーテルレベルで見たなら、たいていの人は自分の皮膚から五センチほど離れたところにこの体があるのがわかります。また、あなたの内側にもあります。この体は七次元、六次元、五次元、四次元の構造をもっています。これについて説明しましょう。次元という観点で話を進めていきます。いま、あなたは三次元にいます。私たちのモデルにおける四次元とは、アストラルレベルです。そのエーテル体のなかにあなたがたのカルマ・パターンのほとんどが蓄積されています。そこでは、あなたにカルマ的な体験をもたらす各エネルギー体へのはたらきかけが準備されます。また、あなたの肉体が「光」を吸収できる量を制御して、ＤＮＡがいつでも活動できるようにするのです。

そしてあなたは五次元のライトボディ構造を（不活性の状態で）もっていて、この構造のなかに私たちが「エーテル性クリスタル」と呼ぶものがあります。これらのクリスタルはあなたのエネルギーの流れのある部分をブロックすることで、肉体が活性化しないように防いでいるのです。

五次元的なエーテル性青写真は「アクシオトーナル・メリディアン・システム」と「アクシアル循環システム」からなり、これらのシステムと構造の接続しているところが「スピン・ポイント」になっています。

この分離のゲームのなかで、人類のアクシオトーナル・メリディアン・システムはオーバーセルフや他の星の人々との直接的な連結から切り離されていました。これによって脳の萎縮、老化、そして死がつくりだされたのです。「アクシオトーナル・ライン」は鍼《はり》治療でいう「経絡《けいらく》」にあたるもので、オーバーソウルと接触したり、恒星系と同調することを可能にしてくれます。

人間の体はこのアクシオトーナル・ラインを通して、じかにオーバーセルフから新たな「光」の体に再プログラミングされます。アクシオトーナル・ラインはどんな肉体または生命体からも独立して存在しています。アクシオトーナル・ラインはさまざまな恒星系から放射され、またそれによって銀河体はそのメカニズムの再生をコントロールするのです。天の川の銀河を、生きて意識のあるものの体だと思ってみてください。恒星や惑星たちは銀河体をつくりあげている臓器であり、星々の上にいるいろいろな種族はすべて臓器の細胞にあたり、細胞と臓器のエネルギーを再生しつづけるのです。惑星地球とそこに居住しているものは、この分離のゲームをするためにオーバーソウルと銀河体から切り離されていたのですが、いま再び接続されつつあります。

アクシオトーナル・ラインは「光」と「音」でできています。人間の体にアクシオトーナル・メリディアン・システムを再構築するには、「キリスト庁」のはたらきが必要です。いったん再接続が起こるやいなや、オーバーセルフは肉体をライトボディに変換させるのに適した色や音色の振動数を伝達しはじめます。

アクシオトーナル・ラインは鍼治療の経絡にそうように存在し、その何カ所かは「スピン・ポイント」として経絡と接続しています。スピン・ポイントは、電磁エネルギーの小さな球状のヴォルテックスが皮膚の表面にあるように感じられます。それらのスピン・ポイントは体じゅうの全細胞にあります。細胞のスピン・ポイントは、細胞内分子の原子をより高速でスピンさせる「音」と「光」の振動数を発します。すると分子の回転が増すことによって、細胞再生のグリッドを設定するための「光」ファイバーが創造されます。

人類においては、このゲームを演じられるようにするためにアクシオトーナル・ラインが切り離されたので、アクシアル循環システムは完全に退化してしまいました。アクシアル循環システムは、皮膚上のスピン・ポイントを全細胞内の全スピン・ポイントに結びつける五次元的なエネルギーシステムです。それは肉体的変異のモデルであり、いまや再生されつつあるのでアクシオトーナル・ラインは再結合されています。アクシアルシステムは循環系が血液を脈動させるようにエネルギーを脈動させていますが、基本的には神経系のように、もともと電気的なものです。オーバーセルフからアクシオトーナル・ラインにエネルギーが送られると、それは皮膚上のスピン・ポイントにいきわたり、肉体上の経絡《けいらく》を満たしたあと、アクシアル循環システムにしみこみます。オーバーセルフからエネルギーを送られるにつれて、アクシアル循環システムは色と音を再結合させて、血液、リンパ、内分泌腺、神経系が「聖なるテンプレート」である「アダム・カドモン」〔人間の原型。人間が本来もっている完全体をつくるためのテンプレートで、大天使アリエルによればこれは六次元に存在するという〕に再編成されるようにするのです。またオーバーセルフからのエネルギーを細胞内のスピン・ポイントに運んでもいます。これによってスピン・ポイントが刺激され、人類の進化を新たにするグリッド・ワークをつくるための「音」と「光」を発するようになります。

六次元の構造は、物質やライトボディを形成するように整えるテンプレートあるいはパターンを保持しています。ここには全ＤＮＡの符号がたくわえられています。つまりあなたのＤＮＡが何であり、どんな肉体形態をとるのかを決定する六次元のテンプレートがあるというわけです。ライトワーカーたちは、三八三個のアセンション途上にある惑星に住む、さまざまな種族からの遺伝物質の片鱗をもっているのです。

七次元の構造は「神聖さ」の体現のためのものです。この構造は、与えられた種族の肉体またはアストラル体と、その聖なる青写真のあいだの接点としてはたらきます。「アダム・カドモン」とはすべての知覚をもつ種族が生ずる神聖な形態であり、ゆえに無数の形態を含んでいます。七次元構造はとても柔軟性に富み、個人によってそれぞれ異なります。この構造内と三次元あるいは四次元の体のなかに「境界域」を据えつけて、オーバーソウルがどれだけの種族に接触し宿ることができるのか、その上限を創造してください。

したがって、もしあなたの各エネルギー体を「光」へと活性化させる前にあなたがこの惑星のまわりを動きまわっていたとしたら、自分の体に四次元的なパターンが顕著なのに気づくことでしょう。

このモデルにおける次なる体は、私たちが「感情体《エモーショナルボディ》」と呼ぶものです。五次元的に見てみると、感情体、精神体《メンタルボディ》、スピリット体は二重正四面体《ダブルテトラヒドロン》でつくりあげられているように見えます。それらはある特定の回転率をもっています。みなさんの感情体のなかには素晴らしい引っかかりの場があり、それらはみな幾何学形で、首尾一貫したやり方では動きません。そのような支離滅裂な動きは、エーテル性青写真に存在する四次元的な構造に寄与します。つまりあなたは感情の上に座りこんでいるわけですが、それはカルマ・ゲームの一部なのです。このゲーム中には「表現」をしないようにと叩きこまれました。表現することは危険なことだと。表現することができなければ、あの素晴らしい幾何学形をその場に押さえこむことになるのです。その結果どうなるかというと、あなたと補いあう「引っかかり点」をもつだれかに行きあたるまでどんどん相手を変えていきます。そして「引っかかり点」保持者と出会ったとたん、あなたの小さな幾何学形たちは相手の接触点とくっつきあってしまい、そこであなたはカルマを演じることになります。これでは身動きがとれません。それが完了し、あなたと相手がきちんと結合状態をほどくまで、ずっと引っかかったままです。あなたはこれを「制限」として経験します。不快な体験です。そして「いったいぜんたい、なんでこんなことに？」という思いをするのです。

精神体も幾何学形で成り立っています。このエネルギー体の役目は、あなたの現実を決定するというものです。精神体は自分がそれをコントロールしていると信じています。自分がショーのすべてを取り仕切っているのだと思いこんでいるのです。実際はそうではないのですが、何が「現実」かを決定するのが精神体の仕事なのです。あなたの人生のなかでどのように宇宙がみずからを再構築していくのかを決定します。そのように何が現実かを決定することによって、あなたをカルマ・ゲームにはりつけにするのです。精神体が何より嫌うものは変化です。これ以上のものはありません。なぜかというと、もしあなたがいましていることを変えてしまうと、自分が未来に生き延びていないかもしれないからです。それがうまくいくかどうかには関係なく、とにかくあなたを生かしつづけると思える現実を存続させるのです。あなたが幸せか、満足がいったかなどということは、まったく気にもかけていません。存続させるためにのみ、そこに配置されたものなのです。

「すべてなるもの」の自然な状態は、それ自身の内側で一体化されます。分離の幻影を存続させるためには、信じられないほどの量のエネルギーが必要です。ただ手放すよりもはるかにエネルギーがいるのです。それは、精神体がこんなに強くなるまで発達してきた理由のひとつです。分離の幻影を存続させるいちばん簡単な方法は、見えないものはすべて「現実ではない」と精神体に宣言させることでした。そうすることによって、みずからのスピリットからやってくる衝動をすべてふるいにかけて落としてしまうのです。

次の体であるスピリット体もまた同じ二重正四面体《ダブルテトラヒドロン》からできていて、そのほとんどはカルマ・ゲームでは無視されています。それはもともとあなたを、あなた自身のオーバーソウル、あなたのキリスト・オーバーソウル、そして「われありという存在（アイ・アム・プレゼンス）」に直結させるためにデザインされたのです。当然スピリット体はカルマ・ゲームではあまり使われません。ただそこに存在しているのみで、そのような結びつきは形成されないのです。

スピリット体はあなた自身のスピリットからの衝動と情報をもたらし、そのあと「これは現実じゃない」と言っている精神体とぶつかり合います。感情体がスピリットからピンとくるものを拾い上げたとき、それを表現するかわりに押しこめてしまうのです。そして制限と分離という、このサイクル全体をくり返します。なぜならば、このゲームのすべてはスピリットからの分離という幻影にもとづいているからです。これが真相なのです。

●チャクラについて

そのほかに機能がシフトするものとして、みなさんのチャクラ・システムがあります。多くの人はチャクラについてご存じでしょう。あなたは主要な十四のチャクラ（肉体内に七つ、肉体外に七つ）をもち、さらに「アルファ・チャクラ」と「オメガ・チャクラ」をもっています。たいていの人はチャクラを光輝いて回転するエネルギーの源として見たり感じたりします。しかし、チャクラは六次元の内在的な構造をも有しています。

カルマ・ゲームのもとでは、体内の七つのチャクラはアストラル界からだけのエネルギーを変換するようにあえて制限されていました。それらは「封印」されていたのです。この制限された青写真では、チャクラは二つの円錐のように見えます。ひとつの円錐は体の前方にむかって開き、もうひとつは背中側にむかって開いています。細まりつつ体内の中心で結合する点が、この相対的配置を維持するために「封印」されている部分です。この細くなっている中心部は精神や感情の「堆積物」によって詰まりやすく、円錐の回転を遅くしたり止めてしまったりする原因になっています。これによって鍼《はり》治療で用いられる「経絡《けいらく》」に流れるエネルギーが枯渇し、病気や死の原因もなり得るのです。こうしたチャクラ構造の形は、前から後ろへ、または後ろから前へしかエネルギーを移動させることができず、高次元の振動数には対処できません。

ライトボディのプロセスが活性化されると、この中心にある「封印」は破壊されます。するとチャクラの構造はだんだんと中心から開きはじめ、チャクラが球状になるまで開きつづけます。これによってチャクラはエネルギーを全方向に放射し、高次元からの振動数を変換させはじめるのです。肉体はためこまれたカルマの堆積物を捨て去りはじめ、球状の青写真はもはやそれ以上の蓄積を不可能にします。そしてすべてのチャクラがひとつの融合したエネルギーフィールドとして一体化するまで、球体はサイズを拡大させつづけます。肉体外の上方のチャクラはそれぞれ幾何学的構造の青写真をもっていて、そのチャクラに関係した特定の次元か、オーバーソウルの振動数を変換させるようになっています。第八・第九チャクラは銀河アクシオトーナル・ラインが通過する平面的な結晶体テンプレートも保有していま す。これらのテンプレートは、ひとたびアクシオトーナル・メリディアン・システムが再結合すれば、オーバーソウルがその人の肉体に対する星からの作用を調整するために用いられます。オーバーソウルは、第八チャクラからアクシオトーナル・ラインとアクシアル循環システムを適合させます。つまり第八チャクラには、体のシステムを変異させ、各エネルギー体を融合させる「司令塔」としての役割があるのです。

最近まで「アルファ・チャクラ」と「オメガ・チャクラ」は人間の体には顕著なものではありませんでした。この二つのチャクラはエネルギーの中心であるにもかかわらず、ほかのチャクラとは完全に異なるタイプの青写真と機能をもっています。それらは七次元のエーテル性青写真をつなぎとめる錨として機能するとともに、電波、磁気波、重力波を微調整するエネルギー調節装置でもあるのです。

アルファ・チャクラは頭上十五～二十センチ、頭の中心から五センチほど額に寄ったところにあります。これはあなたを、あなた自身の永遠に不滅な五次元の「光」の体に結びつけます。そしてオメガ・チャクラは、あなたの背骨の末端から約二十センチ下方にあり、あなたの転生ホログラフィック・グリッド全体とだけでなく、惑星ともホログラムとして結びつけてくれます。四次元的なカルマのマトリックスと違って、これらにはまったくカルマ的な関連性はありません。第八チャクラは頭の中心から真上に十七～二十二センチくらいのところにあり、アルファ・チャクラの上方に位置しています。あなたの第八チャクラから、肉体の中心にそってチャクラを通過しながら足の下二十センチほどまで、直径約十センチくらいの光の柱が降りてきています。この柱の中心には、全長にわたって直径約四・四センチほどの光のチューブが通っています。

アルファ・チャクラとオメガ・チャクラが開かれて正しく機能しているとき、あなたはメタトロンの波動と呼ばれるものが内なる光の柱にそって移動するのを体験するでしょう。磁気波、電波、重力波が、波動の振幅と振動数を調整するアルファ・チャクラとオメガ・チャクラのあいだを行ったり来たりするのです。これらの波動は、細いほうの光のチューブ内のプラナの生命エネルギーを刺激し、支えます。メタトロンの波動はまた、あらかじめ存在するあなたの不滅の「光」の体のテンプレートと、肉体の変異を調和させるうえでも一役買っています。

体内のチャクラが球状構造へと開かれるにしたがい、チャクラを皮膚上のスピン・ポイントに直結させるグリッドがつくられ、それ以降チャクラは新しいアクシオトーナル・ラインおよびアクシアル循環システムとつながるようになります。チャクラのグリッドをアクシオトーナル・ラインに結びつけることによって、チャクラは高次に進化した宇宙的な共鳴のグリッドや波動の動きに接続されるのです。これはチャクラと感情体、精神体、スピリット体を、ひとつのエネルギーフィールドとして融合させるように促します。するとこの一体化したエネルギーフィールドがオーバーソウルの体を受け入れはじめ、宇宙的な波動やパルスとシンクロして連動するようになります。そしてまったく新しいシステムがこれらの波動やパルスをスピン・ポイントからアクシアル循環システムへと送りだし、肉体中のパルスや体液の流れを適応させていきます。

さてカルマ・ゲームにおいては、あなたはスピリットから切り離された状態にあり、制限のなかで生きているので、自分の肉体からも疎外されており、それは通常あなたが自分の体のなかにいないことを意味します。もしあなたが自分の体にいなければ、ハート・チャクラを活性化させることはできません。ハート・チャクラが活性化されていないと、ベース・チャクラ、下腹チャクラ、そして太陽神経叢チャクラが主導権を握ることになります。転生のすべては、本能的な恐怖、カルマのパターン、権力、渇望、貪欲、エゴにもとづいた力の相互作用による人間関係などから発生したものです。あなたが完全に体内に存在しないかぎり、高次の相互作用は起こりません。そしてもちろん、体の外にある上方のチャクラもまったく活性化されないことになります。

ライトボディの活性化

一九八八年三月までに、この惑星上すべての「ライトワーカー」と呼ばれる人々は、少なくともライトボディ第一レベル以上の状態に活性化されていました。そして一九八九年四月十六日には、この地球上の物質の結晶構造全体と住人のすべてがライトボディ第三レベルへと活性化されました。さて、これは選択できる過程ではないことを言っておきます。もれなく全員がこれを体験している真っ最中なのです。今回の人生でこのプロセスを体験したくないと思っている人々の多くは、この惑星を去ることになるでしょう。あなたがたはあらゆる過去世や平行現実のうち、どの人生でこのプロセスを通過するかを選択できるのです。ですから人々が失われつつあるとは思わないでください。大丈夫、そうした人々は今回の転生でそれをする準備ができていないというだけなのです。

●ライトボディ第一レベル

そういうわけで、あなたのライトボディ第一レベルはすでに活性化しています。ほとんどの人はこれが起こったとき、あたかもＤＮＡのなかで電球がぽんと点いて、「故郷へ帰る時間ですよ」と言われたような感じでした。体のなかでそんな感じがするのです、「故郷へ帰るのだ」と。そして体の内側からわき起こる、ただもう素晴らしいわくわくとした気分にひたります。それと同時に、体は「密度脱落の時間」であることを告げ、多くの人々が「インフルエンザ」と一試合果たしました。現在みなさんが「インフルエンザ」と呼び、流行っているものは、私たちが「変異《ミューテーション》症状」と呼ぶものです。あなたの肉体から密度がぬけ落ちるとき、たいていは頭痛、吐き気、下痢、痛み、湿疹、筋肉痛や関節痛など、あらゆるインフルエンザ様の症状がとてもよく共通して見られます。一九八八年の三月にインフルエンザの大流行があったのを思い出してください、あれは「光」の大流行だったのです。

現代の人間遺伝子学は、「それがいったい何の意味をもつのかわからない」というだけで、ＤＮＡの九十九パーセントを「屑《ジャンク》」と称しています。じつのところ、人間のＤＮＡは地球上のあらゆる種の遺伝物質をもちあわせているうえ、全人類の集合体としての経験と、その個人の全転生グリッドの経験がホログラフィックに符号化された遺伝物質をも保有しています。そればかりか、さらに五つのローカル宇宙に点在する三八三個のアセンション途上にある惑星の、知覚をもつ種族からの遺伝的な符号の片鱗まで含んでいるのです！　みなさんのＤＮＡにはまた、肉体をライトボディに変異させるための潜在的な符号も組み込まれています。

一九八八年三月以前に活性化されていた遺伝的な符号は、わずか七パーセントほどにすぎませんでした。その後、第一レベルのライトボディにおいて、スピリットは連続した色と音色とを注入することによって一連の潜在的な符号を活性化させたのです。これらの新たに活性化された符号は、DNA内の変異と、細胞のエネルギー代謝の大いなる変化を開始するようにと、あなたの体にシグナルを発しました。

私たちは細胞がどれほど「光」を代謝できるかによって、ライトボディのレベルを測ります。この新たな細胞活動のしるしは細胞内のアデノシン三リン酸（ATP）の量に現われます。ライトボディが活性化する前、細胞が機能を果たすためのエネルギーは、アデノシン二リン酸（ADP）とアデノシン三リン酸のあいだを行き来する、エネルギーシャトル役のエネルギー生成蓄積組織からきていました。ATPは細胞内に据えつけられた化合物のエネルギー貯蔵庫です。ミトコンドリア内で食物が細胞のためのエネルギーに変換され、その後ATPに収められます。ATPは分子から突き出している三つの鎖状のリン酸群を有します。ATPの分子が結合している三つのリン酸群のうち、いちばん外側を失うと、それはADPの分子になります。化学的結合の分解は、タンパク質の生成など細胞の機能を果たすためのエネルギーを解き放ちます。ADPはいくらかのエネルギーとリン酸群のひとつを取り込み、再びATPに変化します。ATPとADPはリン酸群を失ったり得たりすることで、細胞の機能を果たすためのエネルギーを放出したり蓄積したりしているわけです。これは生物学的エネルギーの閉鎖性システムであり、確実に老化をもたらします。新たなエネルギーはいっさいとり入れられないままなのです。

ライトボディへの変異が活性化されたとき、一連の鎖状のＤＮＡに符号化されていたものが輝きはじめ、細胞に新たな方向性を与えました。最初に出された指示は、細胞に「光」をエネルギー源として認識させることでした。はじめ細胞の意識はこの情報をどう受けとめていいのかわかりませんでした。細胞が「光」にひたされるとともに、「光」に非常に敏感に反応するミトコンドリアがこの新たな色や音色の活性化を完全に吸収しはじめ、爆発的にＡＴＰを生産しました。細胞はリン酸結合を安定化させられるほど「光」を吸収していなかったので、ＡＴＰは急速にＡＤＰへと分解します。そのために細胞の代謝は劇的にスピードアップしたのです。蓄積された毒素、過去のトラウマ〔心的外傷〕、ためこまれた思考や感情が肉体から流出しはじめ、インフルエンザのような症状をつくりあげたのです。

昔からの肉体のやり方では、脳の機能を右側と左側に分けます。そして、松果体と脳下垂体はクルミの大きさからグリーンピース大にまで退化させられました。活性化にあたって脳内化学物質は変化しはじめ、新たなシナプス（神経細胞接合）をつくりだすようになるのです。

●ライトボディ第二レベル

第二レベルでは、六次元のエーテル性青写真に「光」の洪水が起こりはじめ、すべての過去世にわたってあなたをカルマの体験につなぎとめてきた四次元構造の解放をもたらします。その結果、インフルエンザの兆候とともに、少し気分が悪くなったりするかもしれません。

たぶんあなたはベッドに横たわりながら、「なんで私はここにいるんだろう？」とか「私はだれなんだろう？」とつぶやいたりしているのに自分でも気がついているでしょう。「スピリット」と呼ばれる何かしらがあなたの人生に存在していたことに、かすかに気づきはじめるころです。さて、ここでも新たに単語の意味を定義しましょう。私たちが「魂」という言葉を使うときは、スピリットのなかで分化された部分を指し、それはあなたが肉体を通して体験するものです。そして「スピリット」という言葉を使うときは、「根源」と完全に一体化している、まったく分化したところのないものを指します。

というわけで、ライトボディの第二レベルではあなたは四次元構造を解放しつつあり、それは感情体、精神体、スピリット体のなかの、幾何学形のスピンに変化をもたらすのです。あなたはだんだん急激な変化を感じはじめます。体験することの大半はまさに肉体的なことで、とても疲れを感じるかもしれません。

●ライトボディ第三レベル

ライトボディの第三レベルでは、あなたの肉体上の感覚が通常になく鋭敏になります。たとえば二階にいながら下のごみバケツの匂いがやたらと気になってしょうがない、などです。すべてのものが信じられないほどの触感をともなって見えるかもしれません。自分が腰かけている椅子や身につけている服が、おそろしく肉感的に感じられて気が散ったりするでしょう。しばしば人はセックスの喜びを第三レベルのライトボディで再発見します。そのために地球とその住人の第三レベルが活性化された一九八九年四月以降、妊娠と出産が増加しているのです。

起こることのすべてが肉体を中心にしています。私たちが「生体変換システム」と呼ぶものが始動しているのです。あなたの肉体は、高次の「光」のエネルギーを解読して活動できるように、さらにこれらのエネルギーを惑星に伝えるように設計されているのです。分離のゲームの一環としてこうした機能は退化させられていました。肉体的な感覚の広がりは、あなたの肉体が「生体変換システム」として目覚めた最初の兆候です。

オーバーソウルからの分化のない「光」が、五次元のアクシオトーナル・ラインに注ぎ込まれます。すると皮膚上のアクシオトーナル・スピン・ポイントを通して五次元のアクシアル循環システムが形成されはじめます。アクシアル循環システムは、その後全身の細胞中に存在するスピン・ポイントを活性化するために、各スピン・ポイントへと広げられていきます。

ライトボディの第一レベルと第二レベルでは、肉体は「光」に包まれている状態でしたが、いまや第三レベルではアクシアル循環システムを通して、ひとつひとつの細胞が直接「光」に焦点を合わせているのです。

ミトコンドリアはこの「光」を「食べ物」と認識し、もっとATPを生産しようとします。細胞が「光」を利用可能なエネルギーとして受けとっているので、ATPからADPへと変換される量はより少なくなります。アクシアル循環システムがオーバーソウルからのエネルギーを細胞のスピン・ポイントに供給しはじめると、スピン・ポイントは細胞の分子構造の原子の回転、とくに水素原子の回転を変化させて顕著な変化を引き起こす「音」と「光」の波動を発しはじめます。ATP分子中の原子の回転が速くなるにつれ、新たな機能が発現します。ＡＴＰの分子から茎のように形成されていた三つのリン酸群は、分化されていない「光」に対するアンテナとして機能するようになります。そして分子の対称的な頭部構造はプリズムのように機能し、「光」を精妙な色のスペクトルへと分解して、休眠中のＤＮＡ符号が利用できる形にするのです。

ライトボディが活性化される前、細胞内のリボ核酸（ＲＮＡ）は一方通行メッセンジャーとして働いていました。ＲＮＡはすでに活動している七パーセントのＤＮＡからそれ以外の細胞へ、たとえばどのタンパクをつくりだすかなどといった指示を与えていました。それがライトボディ第三レベルでは、ＲＮＡは両方通行メッセンジャーになったのです。いまやＡＴＰアンテナ（プリズム）が利用できる色の振動数にまで分解された「光」は、ＤＮＡの場へと返還されつつあるわけです。それぞれのライトボディレベルがだんだん目覚めてくるにつれて、潜在していた遺伝的な符号がその情報をＲＮＡに流し、残りの細胞へと伝達するようになっていきます。

それは地球上での新しいレーザーディスク技術にとてもよく似ています。膨大な量の情報が一枚のディスク内に収められてしまうのです。とてつもない量の情報やデータが、赤の色調内や青のスペクトル中に収められているところを想像してみてください。赤いレーザー光線がディスク上を走れば、赤の色調に属する情報は得られますが、青のスペクトル中にどんな情報が収められているかはまったくわかりません。あなたが青のレーザー光線をディスク上に走らせたとき、はじめてそのデータが理解できるのです。これとよく似た方法で、「光」と音色の波動がＤＮＡを「読む」のです。その色のスペクトルが伝達されないかぎり、そこに何が収められているかはまったくわかりません。ライトボディの各レベルごとにそれぞれの色と音色のサインがあります。このようにして、スピリットは肉体の変異を順々に経ていけるようにしているのです。

ＤＮＡからＲＮＡへの一方通行の情報伝達と、ＡＴＰとＡＤＰのエネルギーサイクルはともに閉鎖されたシステムで、エントロピーを維持しています。それは何も変化せず、ただ朽ち衰えるのを待つのみです。しかしライトボディの活性化によって、新たに完全な開放性システムが育ち、はてしないエネルギーと無限の情報を体のなかにもたらすことができます。あなたの肉体とスピリット間の対話が始まったのです。

ライトボディのはじめの二つのレベルでは、まだＡＴＰとＲＮＡがこの新たな機能を獲得していなかったために、すべてのプロセスをまったく逆転させることも可能でした。けれども第三レベルでは、あなたにはもう止めることのできない継続的な変異が展開されます。その理由は単にプロセスに支障をきたさないようにするためで、もともとこの地球に存在していた人々と地球自体が活性化されたときには、みんな第三レベルのライトボディにまで活性化されたのです。ですからこのプロセスが取り残されることはありません。じつに単純なのです。

またライトボディ第三レベルの活性化においては、この物質次元からアセンションしつつあるすべての惑星とこの地球とのあいだに、あるセット・ポイントが創造され、そのためにあなたがた全員がシンクロしているのです。そうです、なにも地球だけがアセンションしているわけではなく、次元全体がアセンション中なのです！　アストラル界全体もそうです。これが完了したときには、物質的な現実もアストラル界も存在しなくなっています。このプロセス全体が、私たちが「根源の吸気」と呼ぶものなのです。

私たちの用いるモデルでは、「根源（一なるもの、すべてなるもの、あるいは神）」が創造性の吸気と呼気を具現化させます――とてもゆっくりとした呼気と、とても急速な吸気という形で。ではどうして何億万年もかけて密度を増加させつづけ、ここまできわめてきた分離のゲームを、たったの二十年ぐらいのあいだに全部やめてしまうのかと、あるライトワーカーが質問してくれました。まず自分が「一なるもの」だと想像してください。それからあなたは個別化のレベルを次々と体験することで、無数の可能性を探求しようと決めたのです。それはゴムバンドを引き伸ばすのに似ています。あなたが個別化すればするほど、ゴムバンドはどんどんいっぱいに伸びていきます。すると、やがて伸びられるだけ伸びきって限界に達するときがやってきます。あなたは自分の一体性から可能なかぎり最大の分離を体験して、たいへんな緊張下にあります。そこであなたは向きを変え、ゴムバンドつまりあなたの分離状態を手放したとしましょう。どうなると思いますか？　あなたはいっぺんに自分の一体性へとはじき戻されていくのです。

この惑星上で、いまやあなたは可能なかぎりのあらゆる人間関係や相互作用をひと通り経験し、分離のゲームを完了しました。探求できるどんなカルマ的関係も探求しつくしてしまったとき、あなたは「吸気」を始めるのです。ゲームは終わりです。もう故郷に帰る時間です。

私たちが「ライトワーカー」と呼ぶのは、光のプロセスを援助するために「変換チーム」としてここにいる人々のことです。それがあなたがここにいる理由です。ある人々はここで全サイクルを過ごしてきました。またある人々はここに特別なゲームを設定し、それを見届けるために来ています。時間を直線的に見たとすると、あなたは直線的な時間とあらゆる平行時間を横切ったその向こう側におり、活性化されて光になりつつあるのです。惑星は急にアセンションするわけではなく、創造されたその瞬間からアセンションしています。そのために、この場所でこんなにも多くの人々がこれほど数多くの人生を経験してきたのです。それ以外に、いま援助のためにここに現われた人々がいますが、それもまた可能なのです。

●ライトボディ第四レベル

あなたはライトボディ第四レベルに変異するにしたがい、私たちが「精神的な段階」と呼ぶところへと入っていきます。これによって、あなたの脳内化学作用と脳内電磁気に多大な変化が引き起こされます。この時点でもしあなたがエーテル体のなかに制御クリスタルを保持しているとすると、とても不快な状態になるかもしれません。群発的な頭痛や失神、胸の痛み、視界がぼやける、さらには耳が聞こえなくなるなどの症状も現われることがあります。

これらの制御クリスタルは五次元の青写真に結びつくことで、あたかも電流のように「光」の道をつくります。胸の痛みはライトボディのプロセス全体を通して、ずっと続くかもしれません。なぜなら、あなたのハートはより深いレベルへとどんどん開いていくからです。また脳が開かれていくにつれ、あなたの視覚と聴覚器官がまるごと変化しはじめます。ライトボディ第四レベルでは、これまでとまったく異なる機能が始まるのです。右脳と左脳が同時に連携して機能するようになり、何かそれをさえぎるものがあると、ものすごく気分が悪くなります。たいていの人は、頭のなかで何かしら電気的な動きが進行しているように感じます。もしかすると、文字通り電気エネルギーがあなたの頭を横切ったり、背骨を走り下りたりするのを感じるかもしれません。

また、はじめて「非直線的な思考」というものを味わうことになるかもしれません。これはとても魅力的な体験にも、恐怖の体験にもなり得ます。あなたは精神的シフトを体験しはじめます。精神体は自分にむかってこんなふうに言います、「なんてことだ、ひょっとするとショーを取り仕切っているのは私じゃないのかも」と。

たいていはライトボディ第四レベルにおいて、だれかがあなたの人生に現われ、「ためらいなくあなたのスピリットについていくことが、もっとも重要な指令です」とか、これに類することを言います。そして精神体は突然、「あれっ、いまこれをやってるのは私じゃない、何か別のものだ！」などと考えつきます。ものの見え方がシフトしはじめ、何が現実で何が現実でないのか、だんだん不確かになってきます。あなたのスピリットが各エネルギー体のなかに、より幅広くて大きな現実の映像やパターンを送りこむのです。

第四レベルでは、あなたは漠然とスピリットがそこにあるのを感じます。かつては存在しなかったような部分で唐突に衝動を感じるようになり、それにしたがうべきではないかと考えはじめます。あなたの精神体は、「ちょっと待って、これは何なんだ?」と叫びます。精神体はまわりじゅうの世界をコントロールしつづけようと試みますが、あらゆるものが変化していることにどこかで気づいているので、ひどい不快さがともないます。精神体がこれまで現実として定義してきたものが、すべてシフトしはじめてしまうのです。

瞬間的にテレパシーや透視力《クレヤヴォヤンス》を体験するかもしれません。ちょうどこのあたりでみなさんは共感《エンパシー》を体得します。あなたの精神体は感情体が開かれそうなのを感じて、いま一度もと通りになろうと最後の努力をします。精神体のルールによれば、感情体を開くということはその人の死を意味するので、きわめて危険なことなのです。そして他人と共感する機会がどんどん増えるために、いろいろな人がとても居心地悪くなるでしょうが、同時に「私はこことつながっている。もしかすると、かつて知っていた人がここにいるかもしれない。あなたとはどこかで会ったことがありますね。やあ、なつかしい気がする」といった感覚で、すべてにつながっているという、とてもうきうきした気分をおぼえるのです。そして自分がここにいるのは何か目的があったのではないか、とかすかに感づくようになるのです。

●ライトボディ第五レベル

ライトボディ第五レベルではだいたい、精神体が「ちょっとスピリットについていってみようかな。信じるかどうかはわからないけど、とにかく試してみよう」と言いだします。そして、手がかりを見つける旅が始まるのです。

しばしば自分が何か別のことをしている、という感じが突然ひらめきのように襲ってくるようになります。よく夢の脈絡が変化して、見た夢をもっと覚えていられるようになってきます。第五レベルで覚醒夢を体験しはじめる人もいます。

非直線的思考のプロセスを体験しはじめた人々は、ある時点で自分は気がくるったのではないかと思うかもしれません。いままでの整合性のある視点での見方から、突如として全体を認識するようになるのです。これが非直線的思考です。精神体はこう言います。「ちょっと待って、コントロールがきかない。生き延びられるかどうかっていうときに、こんなことしなきゃいけないの？」そして何が起こっているのか問いかけます。「スピリットというものは存在するのだろうか？　スピリットは存在すると思う。スピリットが存在するかどうか、はっきりさせたほうがいい、さもないと人間はみんな死んでしまうから」……あなたの精神体から、たくさんの生存パターンが現われるでしょう。それから精神体は自分の行動パターンをシフトさせ、それらをそぎ落としにかかるのです。

あなたのなかでは、まるで小さな子供が「やった、私たちは光に向かうんだ。わあい、光に向かうんだ」と言っているような部分もあります。そしてすごくハッピーだったりします。それから例の、いまや年老いた愚痴っぽい精神体の存在に気がつきます。するとあなたは、自分が二つに分かれているのを発見するのです。「そうか！　私が何をしたいのか、ここで自分で決めればいいんだ」

あなたは、自分自身がこれまでに考えていた以上の存在だったことに気づきはじめます。そのときに精神体はこう言います、「いや違う、そんなはずはない！」そして自分をいっきに閉じ込めるのですが、すぐにまた開いてしまいます。ですから開いては閉じ、開いては閉じをくり返しているような気がするでしょう。自分が少し鬱病になったように感じるかもしれません。あなたのスピリットが何を必要としているかというと、精神体が握っているコントロールを手放させるようにすることです。そうすればあなたはこの地球上で、どんな次元でも完全に意識的にスピリットを体現しながら行動できるようになるのです。

また、ライトボディ第五レベルでは、これまで自分の現実だと思ってきた映像の多くが、じつは自分のものではなかったことに気づきはじめます。「なんてこった、父親がやっていたのと同じことを私はしている。父は小うるさかったけど、私もまるで同じだ。でもちょっと待って、これは私のエネルギーじゃないぞ」、あるいは「いま子供がミルクをこぼしたのを見て、私は子供を怒鳴りつけている。母親がしていたのと同じだわ。これは私のエネルギーじゃない。私はこんなことはしたくない。私がしたいのは、こんなことじゃないわ」と思ったりするのです。

あなたは、自分のものではない現実の映像をまるごと抱えこんでいたことに気づくようになります。そしてあなたをとりまいているものとは別に、「私はだれなのか」という精神的な区分け作業を開始します。だれもが自分のエネルギーフィールドに、両親からの、祖父母からの、兄弟姉妹からの、そして愛する人からの「これはこうでないといけない」という映像をそっくりそのまま抱えこんでいるのです。このひとそろいの映像は常に更新されつづけます。自分のフィールド内にこうした構造が存続していたことに気づくようになると、あなたはそれらにものすごく束縛されているのを感じるでしょう。

なぜかというと、あなたはこんなふうだからです。体のなかでこの変化が進みつつあるのをすべて感じられて、そのどれもが素晴らしいのだけれど、それと同時にガラスの檻に閉じ込められているみたいな気がする――すべてが変化しているのに、あなたにはこんなにたくさんの映像が積み込まれているのです。そこであなたは、「では、これをちょっととり入れてみて、あれは全部いらない、あれとこれは少しずつ」と整頓しにかかります。そして自分自身のエネルギーにもっと気づくようになるのです。何が本当に自分のものなのかということです。何かの考えや映像が出てきたときは、自分にこうたずねるだけでいいのです、「これは父親を演じているのだろうか、それとも私自身なのだろうか？」と。はじめて鏡をのぞきこんで「えっ、まさか。私は本当に母親そっくりだ。あの母親みたいにだけはならないって誓ったのに」と認めるのは、ある人々にとっては恐ろしいことかもしれません。しかしこれであなたは、こうした現実の映像をみずからのフィールドの外へ移動させはじめるところまで自分がたどり着いたことを発見するのです。

●ライトボディ第六レベル

ライトボディ第六レベルでは、あなたは積極的かつ意識的に自分のフィールドから現実という映像を取り除くようになります。この時点で普通あなたのスピリットは、あなたをライトボディのプロセスにあるほかの人々に結びつけているはずです。もしかするとスピリットはあなたに、本棚から本を投げ落としているかもしれません。書店に行ったら本が落ちてきた、という経験はありませんか？　これはいつ起こってもおかしくありません。スピリットが「これを読みなさい」と告げるために好んで使う方法です。あなたはもっと別の情報、別の現実の映像を受け入れだします。より広大な自己の現実を理解し、そのなかでいかに機能すればよいかを受け入れはじめるのです。

しばしば第五・第六レベルでは、物が固体でないという経験をします。瞑想しているときに見たら自分の手が固体でない感じがしたり、壁に手を押し当てると壁がぐっと後ろへさがったように感じたりという、変わった体験をするかもしれません。つまり、瞬間的に多次元性が顔を出す可能性があるのです。これはしばしば非直線的思考を体験して、何もかもすべて現実ではないように見えるかもしれません。これはすべてをきちんと整理して並べておきたいタイプの精神体をもつ人には、かなりショッキングなことです。突如として映像の全体が一度にわかってしまうのですから。それからもとに戻ってきて、いったいどうやってそこに到達したのかを考えはじめます。みなさんのなかで一部の人々はこれをかなりの範囲で経験することになるかもしれません。精神体はそれまでとかなり違ったように認識しはじめます。

たくさんの人がライトボディの第六レベルでこの惑星を去ります。なぜかというと、極度の不快さを体験するからです。「本当にここにいたいのか？　このすべてを見たいのか？　このプロセスに参加したいのか？」そして多くの人々が放り出します。それはそれでいいのです。彼らはこのプロセスを別の人生で通過するのです。すべてを一度にしなければならないというわけではありません。一般的にいって、もしもある人が第五・第六レベルを乗り越えられるところまで私たちが援助できたら、その人はもういつでも故郷に戻れるとされています。その時点で惑星を離れないと選択すれば、たいていの人はこに残ってすべてのプロセスを成し遂げます。

あなたの仲間である人間にやさしくあってください。アイデンティティの全感覚がまるごとつくり変えられる段階なので、とてもつらい時期なのです。道で人に会うと、あなたがたの多くはこう言われるでしょう。「どうしたの？　あなた、すごくすてきに見えるわよ！」と。その人たちに、地球は光に向かっており、私たちはアセンションのプロセスにあるのだ、という情報を知らせてあげましょう。「もっとこれについて知りたければここにいい本があるわ。それからここに行くと、こういう人たちに会えるし。もしあなたがそれについて話したいなら、これが私の電話番号よ」と。あなたのまわりにいる人たちをサポートしてあげてください。

たいていはライトボディ第六レベルで価値の見直しの段階を通過しますが、それには極端な居心地の悪さがともないます。「私はここにいたいのか？　私は生きたいのだろうか？　この役目を果たしたいのか？」これはかなりきついことです。仕事がいやになり、人生がいやになり、みんなのことも大嫌い、何もかもひっくるめていっぺんに嫌いになってしまうのです。

第六レベルでは、たくさんの人々があなたの人生から去っていくのに気づくでしょう。これはあなたがよく職を変えたり、結婚したり、結婚を解消したりしやすい時期です。友達がみんな変わり、目的に対する感覚がまったく変わり、そして変化は恐れることではないという感覚が身についてくるのです。もしここで凍りついてしまったら、この状態が一年くらい続くこともあり、ものすごく惨めな気分を味わいます。しかしほとんどの人はかなり早くリラックスすることを学んで、自分のまわりで起こることをすべて流れにまかせられるようになります。

それまでよりも、はるかにあなたがここですべきことにかなった新しい人々が人生に現われはじめます。あなたはここにワーク・グループとしてやってきています。それらの人々は、あなたと一緒に働きます。このように、いままでカルマゆえに自分の人生に存在していた人々がどんどん離れていったり、義務的な責任からはずれてしまうことが少し恐くなったりするでしょう。しかし、深呼吸をして「あなたの人生がうまくいき、幸せでありますように。また別の機会に会いましょう」と言えば、ここで一緒にいるべき人たちがあなたの人生にどんどんやってくることがわかるでしょう。もろ手を上げてすべてをゆだねてしまえば、そこからが面白くなってくるのです。

たいていはライトボディの第六レベルと第七レベルのあいだで、あなたは私たちが「スピリットのディセンション(次元降下)」と呼ぶものを経験します。これは高次元に存在するあなたの広大な部分が、肉体内に宿るようになることを意味しています。これはすべてをシフトさせ、変化させます。

あなたはトンネルをくぐりぬけたように感じるでしょう。かつては「もしかしたらスピリットというものが存在しているかもしれないから、それについていってみよう」と言っていたところから、「わかった、私というものは細胞のひとつひとつにいたるまで、この惑星で活動しているスピリットなのだ」という地点まで到達したのです。そしてあなたは私たちが「感情的な変換期」と呼んでいる段階に入り、スピリットの広大さを学びます。いまやエーテル性青写真では、ライトボディ構造の約三分の一が稼動しています。あなたはそれをしばしば輝く光として体験し、とてもエキサイティングに感じるかもしれません。もっとも多く体験されるのは、まわりの人々の目の変化です。あなたは人々の目に、より深いレベルの光を読みとるようになるのです。

あなたは自分やまわりにいる人々を非直線的に認識しはじめ、短いテレパシーのやりとりが起こってきます。これまで気づかなかったレベルでのコミュニケーションを、ひらめきのように受けとりはじめるのです。あなたはいつでもテレパシーをもっていました。あなたはつねに透視者であり、多次元的存在でした。けれどもあなたの精神体と脳が、それらにずっとおおいをかけて隠していたのです。おおいがぼろぼろくずれ落ちてきて、ようやくあなたはそこにあったものを認識しはじめます。物事を正常に感じられるようになります。もはや「ああ、そうか」というような、大きな気づきの地点ではありません。もう「電球が消える」ときがないのです。それはただ、「私はここにいる。私はある。私はいま完全にここに存在している」という感じです。あなたは喜びに満ちたダンスを、みずからのスピリットとともに創造するのです。

地球全体とその住人たちは、強力な価値の転換をはかっているように見えます。エネルギーの二極化はさらにもっと高レベルで起こりつつあります。それはまるで質量がくつがえされたみたいです。惑星規模の二極化がどんどん激しくなっているのです。地上で天国に生きる人と、地上で地獄を生きる人とが、肩を並べて存在しているのにあなたは気づくでしょう。

私はみなさんが、存在するもののすべては広大で多次元的な「聖なるマスター」であることを覚えていてくれるように願っています。

慈悲を学んでください。慈悲とは「まあ、私にあなたの面倒をみさせて！」といった、共依存関係にはまることではありません。慈悲とは、だれかが次のより高いステップへ上がるために必要な手助けは何でもする、ということです。それは時として、だれかの足を蹴飛ばすことも意味します。これが「目覚ましベル」になったり、あるいはだれかの問題を表面化させたりするのです。それはしばしば目覚めている部分だけでなく、眠っている部分をもひっくるめてその人全体をまるごと愛しているという意味になります。「使命」のはじめに眠りにつくことを思い出してください。よく眠ってきた人々に敬意を払いましょう。多くのライトワーカーたちが、みずからのなかで眠りこんでしまった人々に対して恐れを感じています。敵対パターンのこの部分を取り除くようにしてください。あなたは自然にスピリットと、すべての生命に奉仕するように進化します。これは至福の喜びをもたらすでしょう。けれども、ここにいたる期間がどれだけ大変だったか、ほかの人たちがそれと同じ体験をしているのだということを理解してください。

価値の見直しのレベルを見てみれば、なぜ私たちがこのレベルをもって、人がこのプロセスを成し遂げるかどうかを決定するところだといったのか、その意味がわかってもらえるでしょう。ここは多くの人々がプログラムから手を引くか、または先へ進むかしなければならない地点なのです。

●ライトボディ第七レベル

ライトボディ第七レベルでは、あなたはハート・チャクラをより深く開くことに焦点を合わせ、しだいにライトボディの「感情的な段階」に入っていきます。あなたのハートを開くにつれて、地球とのつながりを感じはじめます。その感覚はあたかもこの地球と恋に落ちたかのようで、「この木に抱きつかないと、もう耐えられない。この木を抱きしめなきゃ」とでもいった感じです。ライトボディ第七レベルでは、遊び心が出てきます。あなたは少し子供っぽいやり方で行動するようになるのです。

この時点で感情体にブロックがあると、それらはどんどん実際に現われはじめます。自分の神聖さと広大さを表現しようとするとき、どんなものであれあなたの広大さを妨げるものはすべて解放されてしまうからです。そのいくつかは楽しいものでしょうが、いくつかは全然楽しくないでしょう。それはどれだけの期間あなたの精神体があがきつづけようとするかによります。もし精神体がシンクロしていれば、普通は素早く簡単に解放されてしまいます。

あなたは、自分がかつてないほど感情的になっているのを見出すかもしれません。そしてこれらのレベルを進んでいくにしたがい、自分の感情が子供のようになっているのに気づきます。悲しければ泣くし、怒れば叫ぶし、ハッピーなら笑います。あなたはエクスタシーを表現します。その瞬間ごとにあなたの感情体にあふれてくる感情を、何でも表現するのです。あなたはこれまでよりも、はるかに「いま」のなかで行動するようになります。わかりますか、このカルマ・ゲームではあなたの精神体は未来のなかで生きています。それはいつも「もしもこうなれば」というふうに生きているのです。感情体は過去のなかで生きていて、あなたがかつて経験したことによって引き金が引かれます。だから、あなたの目の前で起きていることは、正確にいうとほとんど体験していないことになります。ライトボディ第七レベルにおいて、あなたは「いま」を体験しはじめます。あなたがたのエネルギーフィールドに充分なシンクロが起こり、引き延ばされた「いま」に完全に存在するという時間をもちはじめるのです。それは本当にとても気持ちのいいものです。

　感情体がその古いパターンをすべてそぎ落とすようになると、あなたはたくさんの人々との関係を終わりにしなければならないかもしれません。精神体からは現実の映像をすべてそぎ落とし、そしていま感情体から感情的な執着をそぎ落としたら、それは人々との関係がきわめて急激に変化することを意味します。ライトボディの第七・第八・第九レベルでは、あなたの個人《パーソナル》的な人間関係は、私たちが「トランスパーソナルな関係」と呼ぶものへと変わっていきます。それは感情的な執着を基本にしていない関係という意味で、どんなときであろうと、あなたのスピリットがその人と一緒にいるように導くかどうかが基本になるのです。この二つの関係のありかたはとても異なっています。

　人がライトボディ第九レベルに達するころまでには、たいていこのやり方で機能するようになります。ときにはあなたは他の人たちにとって「冷たい」と映るかもしれません。というのも感情的な引っかかりはないし、強烈さもないからです。「私にはあなたをあやつることはできない。あなたの引っかかりにはまり込むことはできない」というわけです。これはライトボディプロセスの一環として、あなたがカルマ的な関係からスピリットを基本にした非カルマ的な関係にシフトするにともない、自然に起こることです。

第七レベルでは、ハート・チャクラの機能がいままでよりもずっと深く開いていきます。多くの人が胸の痛みを経験します。それはおそらく狭心症ではありません。心臓麻痺とは異なり、あなたの体の中心から外側にむかって放射されるように感じるでしょう。ハート・チャクラの門が開いているのです。あなたが瞑想した状態で多次元に行こうとするときは、自分自身のハート・チャクラを通って行くことができます。

この惑星上では、ハート・チャクラは薄い膜を内包していて、私たちはそれを「エデンの門」と呼んでいます。みなさんはアダムとイブという存在がエデンの園から追放されたという話をご存じでしょう。あの話では門に炎の剣をもった天使がいて、彼らが戻ってこられないようにしているとされています。これが意味しているのはハート・チャクラ内の薄い膜のことで、それによってあなたが多次元的にならないようにしているのです。つまりこのゲームが詰め込まれたままになる、ということです。物質世界で起こることはアストラル界以上へと放たれることがないために、ほかの何かに影響を与えることはできません。あなたがそれをする方法のひとつは、自分のハート・チャクラを部分的に閉じて、多次元的な体験をできなくすることでした。しかし、いまや地球上のすべての人においてこの膜が開かれました。ハート・チャクラはその機能をシフトさせ、どんどん深いレベルまで開きつつあります。あなたはハート・チャクラを通して、どの次元へも行けます。すべてはあなたのなかに備わっているのです。ハート・

チャクラは機能が変化し、チャクラ全体のなかで主導権をもつようになっていきます。

もっともよくあるチャクラの説明は、円錐形をしていて中心にむかって細くなり、回転しているというものです。ところがじつは、これもまた変異しているのです。まずチャクラは球状の形になり、一度に全方向に放射するようになります。そしてハート・チャクラが優勢になるとほかのチャクラもすべて開きだし、チャクラ・システムが融け合って、私たちが「融合されたチャクラ」と呼んでいるものになります。するとエネルギーフィールドが一体化し、素晴らしい感覚がともないます。「チャクラ融合への祈り」などの瞑想を行なえば、あなたのライトボディプロセスは助けられます。

チャクラの融合を促すと、感情体、精神体、スピリット体というエネルギー体の融合も促されます。そしてすべてが一体化されたひとつのフィールドになるのです。ライトボディ第七レベルでは、これらのチャクラはいままでになかったレベルで深く融け合います。すると生存のための恐怖や感情のブロックなどが現われたときは、単にこれらのフィールドがきちんと一体化されていないだけだと気がつくようになります。リアルに感じますが、じつは幻影なのです。あなたがエネルギー体の再調整と再融合をすれば、すぐに恐怖は去っていきます。

チャクラの融合は、あなたがライトボディへと成長するためにとても重要です。なぜなら、いかなる量の（どれだけ莫大であろうと）エネルギーでも、ダメージを受けることなくあなたの肉体を通り抜けられるようにしてくれるからです。フィールド全体がそれを支えるのです。あなたは自分自身の広大な部分に触れるときがあります。もしもそのときにあなたのチャクラが融合された状態で機能していないと、まるで指を電気のコンセントに突っ込んだみたいに感じるでしょう。たとえばあなたの体には二十ボルト用の配線しかしていないのに、突然四百ボルトの電流が流されたようなものです。あなたのチャクラが融合された状態にあれば、そんなことはもう起こりません。どのレベルでも受けとめられるようになります。

ライトボディ第七レベルでは松果体と脳下垂体が開きはじめ、額か後頭部に圧迫を感じるかもしれません。脳下垂体が高レベルで機能しだすと、歳もとらないし、死ぬこともありません。それでみんなよく第七レベルのあたりで、とても若々しく見えるようになるのです。顔のまわりのエネルギーがすっかり変わり、しわが消えます。松果体は多次元的なやり方で機能します。ある報告によれば、頭頂に突き刺すような鋭い痛みが走ることがあるといいます。みなさんの多くは「第三の眼」というのをよく耳にすると思います。そう、じつは「第四の眼」というものが頭のてっぺんにあるのです。これはあなたの多次元的な眼です。ほとんどの人は頭頂の柔らかい地点、なんとなく固さがなくなったと感じるところにあります。ある人々にとっては、その眼はすぐに開きます。それはただ単にあなたの多次元的視野であって、そのときがくれば開くものなのです。またある人々は、開こうとしても何かにさえぎられてしまうような感じのこともあるでしょう。それはひょっとすると、あなたのエーテル体になんらかの構造が存在するのかもしれません。それが取り除かれれば、この眼が開くのがわかるでしょう。

あなたは奇妙な体験をしはじめます。自分がほかの次元にいたり、この惑星の上でほかの人の体に入っているのに気づくかもしれません。私たちはこれらを「共時現象」と呼んでいます。ほとんどの人の場合、いま現在のこの惑星上という平行現実に十二人のあなたが存在しています。そしてあなたとはかなり違った人生を送っているかもしれません。あなたは少しずつ他人の体内で自分自身を感じるようになります。はじめてこれを体験したとき、人は過去世を思い出しているのだろうと考えがちで、また実際にそうなのかもしれません。けれども、この同じ平行現実に存在する自分自身のことのほうが、もっとよく理解できるのです。みなさんの多くはイルカやクジラの肉体に転生したことがあります。そのために、人間の肉体としては経験していないはずの水や液体が、体の内部や周囲にある記憶が突然浮上してきたりするのです。もちろんイルカとクジラはそれぞれこの地球上に魂を宿した種族です。彼らもまたライトワーカーなのです。彼らはこの地球のまわりに集団意識のグリッドをつくりあげます。

ライトボディ第七レベルでは、たいていの人が意識のなかでかなり四次元的に機能するようになっています。「私は明日にもアセンションするというだけでなく、この惑星を癒そうとしている。私ひとりでも地球を、そして気の毒なみんなを救い出してあげよう。私がやらなくては。全員を光のなかへ引き上げよう。みんなを自分自身から守り、カルマから助け出して、闇の勢力から救ってあげるのよ」といったふうです。第七レベルにある人は通常はヒーラーや覚醒者、あるいは自分や人々や地球の救済者としてのアイデンティティをもっています。じつはこれらはカルマ的なモナド〔単子。個人的なスピリットをまとめている高次元においてグループソウルのもとになる魂の本質〕なのです。あなたのほとんどの部分がまだ二元性のなかに存在していることに気づくには、ちょっと時間がかかるでしょう。ひょっとするとあなたは、自分が癒してあげるために地球やだれかを病気にしたり、自分が救ってあげるために人を迷わせたり、自分が目覚めさせるために人を眠らせたりしているかもしれないのです。それは人が完全に機能しないよう求めていることになります。

第七レベルでは、すべての存在が広大で多次元的なマスターであることをだんだん理解するようになります。神聖さを探求しているマスターもいれば、制限を探求しているマスターもいるでしょうが、とにかくみんなマスターなのです。だれもがまさにみずからの望むことをしているのであって、それでよいのです。もしもだれかが常に他人の面倒をみたり守ったりという人生を送っているのであれば、それは深い啓示を放つことになります。そしてほかの人たちがみずからのプロセスを歩むのを、ただ許していけるようになるのです。

ここではほとんどの人々が、おびただしい量の「スピリチュアルな意義づけ」と「スピリチュアルな野心」と呼ばれるものを通り抜けます。神からの完全な離別という現実の映像は、肉体の奥深くに恥や罪の意識としてたくわえられています。人が多次元性にアクセスしはじめたときに肉体が統合されていないと、この現実の映像を否定しようとします。人はしばしばスピリチュアルな形式やルールをとり入れたがります。すべてが「正しい」スピリチュアルなこと、つまり話すことも身につけるものも食べ物も「正しく」あろうと努めます。そして自分の理念に合わないものは、自分であれ他人であれ、どんな部分も抑圧するか否定するかしてしまうのです。精神体は形式やルールが大好きで、スピリットをしたがわせるための形式を見つけようと躍起になるのです。

「スピリチュアルな意義づけ」は、肉体内にたくわえられた恥の意識と無価値感に対する、精神体の防衛メカニズムです。「私はスピリチュアルに進化している（あなたは進化していない）。私は14万4000人の虹の戦士のひとりだ（あなたはそうじゃない）。私は今度の土曜日にアセンションする（あなたはアセンションしない）。私は天国に行く（あなたは行かない）」……このように、「スピリチュアルな意義づけ」にはおのずと排除の性質がそなわっているのです。

「スピリチュアルな野心」は、肉体内にたくわえられた罪の意識と無力感に対する、精神体の防衛メカニズムです。これにどっぷりつかっている人は、よく自分のプログラムを押しつけようとして、躍起になって人をあやつろうとします。すべてが「最善」で「最高」で「最先端」でないといけないのです。こういう人々は、意見のくい違いがあったり、何か自分が知らないことを示唆されたりすると、自分のマスター性が攻撃されたように受けとめます。そしてぶつぶつ不満を言いつづけ、他者に非をなすりつけるというのを特質としています。「僕にはこんなに素晴らしいビジョンがあるんだ。だから、きみさえこのプランに乗ってくれれば僕の聖なる目的を実現できるのに。僕が地上で天国に生きられないのは、きみのせいだ」とか、「あなたの映像に欠落があるから、私の聖なる流れが妨害されてしまうんだわ。私が貧困にあえいでいるのはあなたのせいよ」「なんであなたはそんな自分の現実をつくりあげたの？（どうぞあなたの現実を否定してちょうだい、そうすれば私は楽になるから。もしあなたがもっとスピリチュアルに成長していたら、こんなことは起きなかったはずよ。だから、あなたは自分で自分に文句を言えばいいわ）」といった具合です。

「スピリチュアルな意義づけ」と「スピリチュアルな野心」はエゴの強力な自己防衛です。あなたが本当に聖なる多次元的マスターであることをスピリットがどんどん現わしていけばいくほど、それを精神体と感情体は定義と執着によって個人的な真実として受けとめようとします。肉体はたいていこれらの発現には無頓着か、単に受け入れないかのどちらかです。すべての人が第七・第八・第九レベルのどこかしらで、こうした防衛メカニズムに走ります。

多くの人がライトボディ第七レベルで、スピリチュアルな躁鬱症のパターンにはまり込みます。あるとき「私は神聖なる多次元的存在だ！」と宣言したかと思ったら、次の瞬間には「私は何ひとつ、ちゃんとできない！」と自己の無価値を表明するのです。こういう人たちは、多次元的な一体感と、三次元にとどめられているという分離感とのあいだを、行ったり来たりしているのです。ものすごく広大な存在と、物質によって限界づけられた肉体にいる存在というパラドックスは、まさに奇跡的なものです。この二つの極端さのあいだを行き来する理由は、このパラドックスを解消しようとするからです。それは解消できません。両方の極を同時に保つようにしてください。両方が完全に存在することを受け入れるのです。ライトボディの第七レベルの終わりか、少なくとも第九レベルのどこかで人はこのプロセスがわかりはじめ、このパラドックスの中心に生きることが至福の喜びであることを見出すのです。

あなたは自分のスピリットにしたがいはじめたのです。あなたがライトボディの第七レベルに入ったとき、なんとなく「追いついた」という感じがします。毎日の生活のなかで、あなた自身がスピリットから機能するようになってきたのです。自分が生存のための恐怖を出たり入ったりしているのがわかるでしょう。あなたはまるで子供のように、何もかも大好きでだれとでもうまくいく日があるかと思えば、別の日には「こりゃ崖っぷちだ」といった恐怖や生存パターンに襲われます。二人の自分がいるような気がすることもあるでしょう。あなたはこれらのライトボディのプロセスを通して、二元性をそぎ落としているのです。あなたは「自分」がはるかに至福の時を過ごすようになったことに気づきます。そしてその状態のまま活動できることがわかるのです。

精神体がこの変遷を通して抱えている最大の恐怖とは、「もし私が多次元的な存在になってしまったら、この物質世界では機能できなくなる」というものです。あなたは自分が別の次元の体や、この惑星上でほかの体にいることにどんどん気づきはじめます。それはすてきなことです。その状態のままでちゃんと機能できるのです。ただ練習がちょっと必要なだけです。

あなたの活性化が始まります。瞑想中にあなたの知覚全体がシフトし、別の次元にいるのを体験するかもしれません。またはこの惑星でほかの体にいるのを体験するかもしれません。自分が同時存在時間を体験している、というひらめきに襲われることもあるでしょう。かぎりなく「いま」に生きていると、すべての「いま」に同時に存在するようになるのです。これを体験するときはとてもエキサイティングです。というのも、そのときからあなたは、自分がすることすべての蓋然性と可能性とに目覚めはじめるからです。あなた自身からフォース・ラインが出ているのが見えるでしょう。人々との関係にはもっと気づきが訪れるようになり、いついかなるときも、これらの関係があなたのスピリットとどれだけ深くつながっているかがわかるようになるのです。

ライトボディ第七レベルには全体的に、あるフィーリングが存在することに私たちは気づきました。

それは「私は明日アセンションする、ここから出るんだ」というものです。あなたはすでに未来の自分であるライトボディにつながっているのです。それでどうなるのかというと、あなたがきちんとするべきことをできるようにしてくれるのです。あなたは素早く自分の人生で起きたことのすべてを整頓して、自分にとって何が重要なのかを知ります。「さあ、いずれここを出るのは確かなんだし、やりたいことをしよう。楽しくやってもいいじゃない。それなら、ハートが歌いだすようなことをしよう」と。

あなたは自分のハートを歌いださせてくれるものは何か、本当に楽しいと感じるものは何なのかを学びます。ライトボディ第八レベルへとシフトしたときには、あなたのハートを歌いださせるものはこの惑星でのあなたの「聖なる目的」に直結していること、そしてあなたは「聖なる計画」の一部であることに気づくでしょう。第八レベルでは、「おや、私は明日ここを離れたりしない。最後までここにいるんだ」と悟ります。より深まった目的と奉仕の感覚が訪れ、地球を光へと導くために何でもしたくなるのです。

●ライトボディ第八レベル

ライトボディ第八レベルでは、普通ならグリーンピース大である松果体と脳下垂体が成長し、形が変化しはじめます。それらが成長するにしたがって、ときどき頭のなかに圧迫感を感じるかもしれません。このプロセスのあいだ、断続的に頭痛が起こるかもしれないし、そうでないかもしれません。もしあなたに、変異にともなうひどい頭痛がある場合は、この変異を助けている高次元の「あなた」がその肉体的な痛みを感じとれないでいるのだということを理解してください。そこでまずあなたに求められているのは、「痛い！　もう少し楽に進めてくれない？」とスピリットに告げることなのです。あなたは五次元と六次元にいるあなた自身に、痛いんだと知らせなくてはなりません。

次に、「エンドルフィンを放出してください」と言います。エンドルフィンは天然の脳内麻薬で、痛みを和らげる作用があります。小さな頭痛が一か月半ぐらい続く人もいます。また大きな頭痛を二十四時間でいっきに通過するほうを好む人もいます。このプロセスでは脳が文字通り「成長する」地点があるので、一人ひとりに合ったやり方をしてください。あなたの脳は大きくなりつつあるのです。頭蓋骨の拡張を経験する人もいるでしょう。松果体と脳下垂体がとくに開かれて成長したために、頭の形がまるで変わってしまった人々を私たちは見たことがあります。また松果体が成長しているとき、あなたの眉間にだれかの指が置かれ、押されているように感じることがあるでしょう。さらに脳下垂体が成長しているとき、後頭部が押されるような感覚を体験するかもしれません。

あなたがライトボディ第八レベルへ移っていくにつれて、私たちが「シード・クリスタル」と呼んでいるものが活性化します。これは高次元からの「光の言語」を受信する、三つの小さなクリスタルをさします。二つのクリスタルは両方の眉毛の上、あなたが正面を見たときの瞳の真上に位置しています。三つめはあなたの髪の生えぎわで、鼻筋から延ばした線と交わったところにあります。

さらに、「記憶細胞受信クリスタル」も活性化されます（これはあなたの頭の右側、耳から三〜四センチ上にあります）。高次元では、記憶細胞クリスタルという構造があります。そこには魂がいろいろな惑星や恒星での転生のすべてにわたって集めてきた、膨大な量の情報が保持されています。記憶細胞は経験に関するデータを定期的に受信細胞にダウンロードします。そのときには、多くの人が頭の受信クリスタルがあるあたりで、ぴりぴりしたり焼けついたり、液体がまとわりつくような感じを体験します。突然こんなにたくさんの情報を保持するようになったうえ、それがいったいどこから来たのかわからないのです。

そして第八・第九・第十チャクラが活性化します。第八チャクラにある、三つから五つの結晶構造テンプレートが再調整されます。あなたは多次元的な心につながり、私たちが「光の言語」と呼ぶものを受けとりはじめるのです。

脳下垂体と松果体の機能が開かれて一緒に活動するとき、「聖約のアーク」として知られるものを生みだします。頭の上の第四の眼から第三の眼あたりにかけて、虹色の光のアーチがつくられるのです。これは高次元の「光の言語」の解読装置です。

あなたの脳の機能が変わり、幾何学形や音色を通して物事を見たり考えたりするようになります。たいていの場合あなたは翻訳の手段をもたないので、ちょっと動揺するかもしれません。自分が体験していることを表現する言葉がないので、人と話ができないような気がすることもあるでしょう。

ライトボディの第八レベルでは、ひょっとしたら自分はアルツハイマー症になったのではないかと、ひそかに恐れている人がひんぱんに見受けられます。自分が朝食に何を食べたか思い出すのに苦労したり、今後の予定を覚えておくのが大変だったりと、かなり骨が折れるかもしれません。ほかによくある例としては、自分が何を言いたいのかわからなくなるとか、人に話しかけられたとき外国語で話されているように聞こえてしまう、などがあります。これは聴覚障害の一種です。第八レベルのジョークに、「使ってこなかった脳の九十五パーセントを回復させるために、なんだってもともとの五パーセントまで失わなきゃいけないのか？」というのがあります。でもあなたがいままで使い慣れていたすべての脳の回路は、完全に新しい回路につくり変えられるまでアクセスを拒否するかもしれないのです。耳のなかでたくさんの音が聞こえてきたり、頭のなかに光の帯、色、幾何学模様やさまざまな動きなどを受けとるかもしれません。あるいはヘブライ文字や象形文字とか方程式みたいなものが燃えているのを見るかもしれません。

それらはスピリットからの交信であり、符号です。最初は「何か」が送られてきているというだけで、それがいったい何なのかまったくわからないでしょう。そういうときは、「チャクラ融合への祈り」でチャクラをひとつにし、それから翻訳機能を求めてください。かなり長いこと求めつづけなければならない場合もありますが、それでも大丈夫です。あなたがライトボディ第八レベルを通り抜ける最後のほう、第九レベルに移る直前には翻訳機能が開花します。この時期にスピリットから送られてきているものはすべて、ある日突然そこに言語レベルでアクセス可能なものとして存在するのです。

それは帰郷の地点です。これが私たちにできる最善の表現です。あなたは自己の多次元的な心につながったのです。自分が多次元的な存在であるという事実は、あなたにとってすべてのレベルでまったく本当であり、もはや否定できません。あなたは自分の広大さに目覚めます。ライトボディのほかのレベルで行き会うたくさんの人たちが、「まあ、それが本当であることを祈るわ」と言います。このプロセスが彼らにとって「本当」であると悟ったときを見られるのは、私たちにとってとても素晴らしいことです。

それからあなたは自分がどこへでも好きなところに行き、何でもしたいことができることに気づきはじめます。社会的・道徳的な義務感のなごりがそぎ落とされていきます。あなたがすることはどんなことも、すべてスピリットがそうするように導くからです。それ以外の理由はあなたには必要ありません。あなたは理由や正当化の必要なしに機能しはじめるのです。ひと息ごと、ひと足ごとにスピリットについていきます。「するように言われたから／すべきだから／そうすると言ったから、これをする」とは言わずに、「自分がしたいからこれをする」と言うようになります。あなたは人々とまったく新たなレベルで、つまり私たちが「トランスパーソナル」と呼ぶレベルで関わりはじめます。あなたのスピリットが交流するように導くからその人と交流するのだし、スピリットが言葉を集めてくるからあなたは話すのです。

この状態では、あなたのエネルギーフィールドが変化したために、しばしばほかの人たちはあなたをどう扱ってよいのかわからなくなります。かつては接続できた正四面体《テトラヒドロン》に、どこにも接続できるところがなくなってしまったのです。強制や操作、共依存などによってあなたと結びついていた人々は、かなりスピーディに去っていきます。それはもう、あなたと結びつけなくなったからです。あなたはもはやそのレベルで機能していないのです。あなたのなかには深い静けさが漂い、みずからのスピリットとつながっているという昂揚した至福感があふれつづけるようになります。もはや体を出たり入ったりすることはなく、体のなかにとどまるようになります。あなたは自己の多次元性を、みずからの体を通して具現化するのです。

ほかにライトボディ第八レベルで起きることとしては、多次元のみでなく、すべての平行現実にわたって自分の意識を開きはじめることです。あなたは自分のエネルギーを、複数の現実を通して調整できるようになるのです。最初これはかなり不快なものかもしれませんが、しばらくするとわくわくしてきます！

あなたの言うこともすることも、すべては完全にスピリットに導かれます。これはあなたがどう人と関係していくかを、完全にひっくり返してしまいます。あなたの個人的な人間関係がかなり素早くシフトすることは確かでしょう。たとえば「今後またセックスすることはあるのだろうか？」とか、「ずっと仕事を続けていられるだろうか？」など、たくさんの恐怖が表出してくるのです。ときにはその答えが、大きく「ノー」だったりします。

ライトボディ第八レベルはもっとも変異が激しいプロセスのひとつです。ほとんどの人はあまりに速く変化するので、自分の頭がおかしくなったのではないかと思うでしょう。自分が韻をふんで話しているのに気づいたり、まったく話せなくなったり、あげくの果てには逆さまにしゃべっているのを発見したりするかもしれません。新しい言語を受け入れ、きちんと自分のエネルギーフィールドと細胞構造に作用できるようになれば、翻訳機能がやってきます。文字通りあなたのＤＮＡのなかに入ってくるのです。あなたのスピリットはその時点で、スピリットからの符号をあなたに送ってきます。これは神経組織の変異でもあります。すべてのあなたの神経組織が、新しいレベルの情報を処理するためにちょっと「つねられる」ようなものです。また、視野がどことなく曇ったり、耳鳴りがあまりに激しくて人が何を言っているのか聞こえなくなったりするかもしれません。あなたの耳や目だけでなく、実際にはあなたの感覚器官すべての神経が、これまでにないほどの情報をさばくことを要求されているのです。ですから、ときには脳がごちゃごちゃになることだってあります。自分に辛抱強くあってください。そして周囲の人々にも辛抱強くあるようにしてください。あなたのまわりに笑いを保っていましょう。というのも、いつか大笑いできるときが来るからです。

ほかに第八レベルでよくあるのは、動悸がしたり、心拍が不安定になったりするというものです。これは体内に五次元の循環システム（アクシアル循環システム）が接続されたあと、心臓が電気的パルスを二重に受けている可能性があるからです。これはアクシアル循環システムと自律神経系の機能が融合する切り換えポイントに達するまで続くでしょう。その後、心臓は基本的にアクシアル循環システムからのインパルスで機能するようになります。ライトボディ第八レベルはとてもエキサイティングです。ライトワーカー全体の九十五パーセントの人々が第八レベルになったとき、同時に集団意識のなかに接続し、まったく新しい奉仕のプログラムをこの惑星にもたらします。それはまるで、全種族が「根源」にいたるためのスーパー・ハイウェイが切り開かれるようなものです。

●ライトボディ第九レベル

あなたの変異がライトボディの第九レベルに入ると、翻訳機能が開かれ、あなたは「音の言語」を理解しはじめます。それはただあなたに影響を与えるというだけでなく、あなたが認識できる何ものかになるのです。あなたが心のなかで作業していたこれらの幾何学形やパターンは、脈絡のあるものになります。それらは言語なのです。一部の人たちは象形文字《ヒエログリフ》とかモールス信号を体験するかもしれません。それらはみんな「光の言語」の一種であり、六次元的なものです。あなたのスピリットはこの言語を使用して、あなたの青写真の六次元構造を、五次元的ライトボディの新たなテンプレートへとシフトさせるのです。

あなたは「神聖さ」を宿しはじめます。七次元との境界域が活性化されて、背中の下方や腰に痛みを引き起こしたり、骨盤の底部に重さが感じられるかもしれません。七次元構造が、オーバーソウルとのあいだを調整するためにシフトしているのです。新たな「アルファ－オメガ構造」があなたの肉体のまわりに生まれ、もっとエネルギーを取り込めるようにします。あなたのオーバーソウルと七次元的につながることによって五次元と六次元のエーテル構造が調整され、新たな「アダム・カドモン」の神聖なるイメージをとり入れるようになります。あなたはその時点で体のシフトを経験するかもしれません。自分の背が高くなっていたり、細くなっていたり、あるいは太くなっていたり、さらには羽が生えてきたりということに気づくかもしれません。人間のものでないタイプの体をもっていることに気づく場合もあるでしょう。そして人間でないアイデンティティを、人間のアイデンティティに統合させるようになります。これはあなたがだれであるかということの、全レベルにおける広大な調整の地点なのです。あなたは「光の言語」を直接翻訳し、あなたが使うどんなモデルにおいても、別の次元にいる自分自身を認識しているのです。あなたはあらゆるものを相互に結びつけている結晶構造に気づいています。あなたについて個人的なレベルでだれがどんなことを言おうと、ほとんど気にならなくなります。あなたにとって問題なのは、ひと息ごと、ひと足ごとに「いま」スピリットをどう表現するかということなのです。なぜほかの人が考えていることを気にかける必要があるのでしょうか。彼らは彼らで目覚めます。だれもがこれの真っ最中なのです。覚えていますか？　このプロセスに選択の余地はありません。あなたがここに転生したということは、変異《ミューテーション》しているということなのです。

脳下垂体がさらに開かれて、より多くの成長ホルモンが生産されます。いくらかの女性ではエストロゲンのバランスがくずれるかもしれません。疲労感や落ちこみ、疎外感に襲われたりする人もいるでしょう。ときには月経が不規則になったり、量に変化が見られたりするかもしれません。

そうです、ライトボディ第九レベルにシフトしはじめたとき、あなたは多次元性の自己へと大きくパワフルに転換したのです。あなたはいまやこの地球の上にマスターとしての自分を現実化し、体現しつつあります。私たちはあなたがた全員をマスターとして見ています。だれもがマスターなのです。あなたは分離の極限状態というものをマスターするために、この惑星にやってきました。上出来です、みなさん！　いまやゲームは、あなたという広がりのなかであなたは本当はだれなのか、というものに変換されています。私たちがみなさんを見つめるとき、あなたがたの一人ひとりを、あなたの全存在レベルにおいて知っています。あなたは自分をこの制限され、へだてられた状態にとどめておくのにどれだけのエネルギーを使っているかわかりますか？　おびただしい量のエネルギーです。さて、もういままでのふりをする必要はありません。すべての拘束は解き放たれました。あなたにはみずからの神聖さを顕現することに対する全面的な許可と、充分な支援が用意されているのです。

だいたいはライトボディ第九レベルのはじめと終わりで、大規模なディセンションが起こります。あなたは第三・第六・第九レベルで強い価値の見直しに突入しますが、このなかで第九レベルがもっとも難関でしょう。なぜなら、ついにあなたがすべてをスピリットにゆだねはじめる地点だからです。あなたは自分が個人レベルでは何のコントロールももっていないことを発見します。あなたは、常に自分が聖なる道具であったのだ、ということを理解します。あなたは「行動しているスピリット」になります。あなたのスピリットがあなたの得る、または得ない収入を決めるのです。あなたの仕事がどういう方向にいくか、またはあなたが働くかどうかさえもです。スピリットがすべてをデザインしていて、あなたは聖なる道具なのです。これは自我の崩壊です。そして目覚めの門をくぐる最後の航海です。

これはもっとも至福に満ちた体験であると同時に、もっとも苦痛のときでもあり得ます。あなたがたの多くは、このためにいままで数多くの転生をかさねてきたのです。それでもなお、あなたが門の前に到達したときにはぎょっとさせられるかもしれません。その門のむこうに存在する至福は、言葉では表現できません。いま私はこの体を通してチャネリングしていますが、ずっとその状態のなかに生きつづけているのです。私はけっして「根源」と離れることがありません。私が「根源」なのです。これはあなたがた一人ひとりへの提案ですが、あらゆるレベルであなたという存在をすべてゆだねるということを意味します。第九レベルはおのずとゆだねが起こるところであり、ゆだねと至福が生まれるところなのです。

さて、自由意志はあるレベルではまったくの現実なのですが、ほかのレベルでは完璧な幻影（イリュージョン）なのです。これが、地球任務にたずさわるわが友人たちが「幻滅（ディスイリュージョン）」と呼んでいるものです。最終的にはあなたが考えている「私という自己」を手放すことになるので、これはライトボディのプロセスでもきわめて重大な部分にあたります。私たちが考えるには、精神体、感情体、スピリット体はまさにスピリットの道具なのです。それらはそれ自身の意識をもちません。自我がコントロールしている分離の幻影の一部なのです。これは私たちの見方であり、賛同できなくてもかまいません。いまこの時点で、みなさんの大半はライトボディの第九レベルにあり、スピリットがあなたを目覚めの門の前へと押し出しはじめているところです。あなたはすでに自分のアイデンティティとその脈絡の溶解を経験しはじめています。受け入れてください。それにゆだねるのです。抵抗は苦しみを生むのみです。

ひと息ごと、ひと足ごとにあなたのスピリットについていってください。その広大さでここに存在するようにすれば、あなたはまさに必要なところで、必要な人と、「いまこの瞬間」にする必要のあることをするようになります。生存のための恐怖は消え去ります。もはや重要ではなくなるのです。あなたが本当はだれであり、ここで何をすべきなのか、それを具現化していくにしたがって、あなたを苛立たせるたくさんの細かな幻影はまるで取るに足りないものになり、現実ではなくなっていきます。それでもまた恐怖は浮上してくるかもしれません。というのも、あなたはまだこの世界に生きているからです。でも、いまやあなたはこれらのことを脇にのけておけます。第三・第六・第九レベルでは、あなたは一般的に同意された現実から脱しはじめます。そして再びそれにつながろうとすれば、自分が苦痛を感じることに気づくでしょう。

第七・第八・第九レベルで、あなたは自分がかつて経験したことのない光を放射していることに気づきます。あなたはとても目がクリアになり、ほかの人たちのそれとは違ってきます。人が歩み寄ってきて、「あなたは本当に幸せそうに見える」と言ったりするでしょう。覚えておいてください、たくさんの人々が「ゆだねてしまう」ことに恐怖を感じているのです。その人たちに言ってあげてください、「私は躊躇せずスピリットについていく。私が至福感と楽しさに満たされているのは、そのためなの。あなたも同じようにすることを提案するわ」と。これがいちばん簡単に彼らに言ってあげられることです。きっとそういうことが起きるでしょう。

みなさんのなかには、私たちが呼ぶところの「もし〜だったら」症候群にかかっている人たちに囲まれている、という人もいるかもしれません。「もし極のシフトが起こり、冥王星へ行ってしまったらどうしよう」とか、「もしデンバーの目の前が海になってしまったらどうしよう」、あるいは「もし私たちがトカゲの種族か何かに支配されていて、食糧源として飼育されているんだったらどうしよう」など。

こうした野放図な「もし〜だったら」が、あなたのまわりじゅうに漂っているのです。人々は周期的にあなたのまわりでおかしくなります。あなたが自分の中心をスピリットに合わせつづけていれば、そのとき何を言うべきなのか確実にわかります。

第七レベルでは、しばしば明日にでもアセンションしそうな気がするものです。アシュターがやってきて宇宙船に引っ張り上げられ、ここをあとにするのだといった感じです。これは直線的に見れば、この肉体にいるあなたと、「未来の自己」であるライトボディにいるあなたとがエネルギー的にリンクしているからなのです。このために、あなたは人生をきちんと秩序立てておかなくてはという気分に襲われます。これが効を奏し、あなたはいつも言いたいと思っていたことを何でも人に言いだします。自分がずっとやりたかったことを全部やるのです。

しかし第八レベルにいたるまでには、自分がここにとどまるんだとわかり、新しい目的の存在という感覚があなたのなかでどんどん広まっていきます。ここですることがあるから自分はここにいるのだということを理解し、それが喜びになります。第八レベルでは、あなたは自分の体を出たり入ったりしているのです。私たちはたくさんのライトワーカーが多次元性に触れるのを見ますが、それが全面的に体のなかに押し寄せるわけではありません。だから体を出たり入ったりするのです。第八レベルで、あなたはみずからの体内に存在しはじめます。いままでになく自分の中心にいるのを感じ、かつてない静けさを味わいます。あなたはもう自分は頭がおかしくなったのではないことがわかります。それはあなたの中心が通り、とてもグラウンディングしているからです。あなたは自分の広大さを、さらにここにもたらすことで「高められた人」というものになります。第九レベルには、あなたはかなりの自分の広大さをもたらしているので、おびただしく衆目を集める存在になっているでしょう。

ライトボディ第八レベルでは、あなたの上方のチャクラが開かれて機能しています。残されたスピリット体は、いまや精神体、感情体とともに融合したフィールドとなって一体化されています。第八チャクラのテンプレートはきちんと配置され、あなたのフィールドは異なったやり方で機能しはじめているのです。あなたは自分のオーバーソウルにつながっています。ずっとスピリットと結びついているという感覚があるのです。

第九チャクラと第十チャクラがより大きく開くにつれて、第十一・第十二チャクラも開かれていきます。それにともなってあなたはキリスト・オーバーソウルとつながり、ここ地球上であなたという存在のキリストレベルから機能するようになるのです。はじめはこの状態を出たり入ったりするかもしれませんが、「聖なる愛」「聖なる意志」「聖なる真実」を実感したあとで、もとの「あわれで情けない愚か者」に戻るというのは、ちょっと居心地がよくないかもしれません。これはしばらくすると消えます。目覚めの門をくぐって少したつと、あなたは常にキリストレベルから機能するようになるのです。あなたがたのなかにはキリストレベルにとどまって、そこで働くことを選ぶ人々もいます。そうした人にとっては、それがここでの旅なのです。ほかに、「われありという存在」につながりはじめる人々もいます。もしあなたが第十または第十一レベルでこの神としてのありかたから機能しはじめたとしたら、ほとんど人間には見えないでしょう。それはかなりすごいものです！

ライトボディ第九レベルでは、あなたはいままで経験したことのない存在のありかたへと移行していきます。あなた自身の真実を体験し、あなたの無条件の愛を体験し、あなたの「光」とパワーを体験するのです。これは「三重炎」と呼ばれるもので、すべての人のハートのなかに存在しています。これはあらゆる次元と共鳴しあう炎です。ほとんどの人は普通この要素のどれかひとつが顕著です。

第九レベルの終わりには、あなたはディセンションを始めます。たいていはきわめて大規模なものです。すべてのエゴの降服を通り抜け、このディセンションはとてつもない変異をもたらします。あなたは実際に「光」を放射しはじめるかもしれません。

ライトボディの最後の三つのレベルは、私たちが「スピリチュアルなレベル」と呼んでいる段階です。そこではあなたのエネルギー体は完全に一体化し、チャクラは第十四チャクラまで開かれます。エネルギーフィールドはいまやひとつに融け合い、あなたという存在の全レベルにおいてキリスト・オーバーソウルにつながります。あなたは自分の「アイ・アム・プレゼンス（われ臨在す）」につながるようになるのです。

●ライトボディ第十レベル

第十レベルにおいて、あなたはアヴァター（神の資質が人間の体をもってこの地球に転生した存在）の能力を体現しはじめます。それはあなたがまさにみずからの望んだ場所に、望んだ時間にいられるということを意味しています。あなたは「根源」や存在するものすべてと一体だという意識に完全に目覚めているため、ライトボディのこのレベルではテレポーテーション、幻視、物質化などの能力が現われます。あなたが「すべてなるもの」であるとき、いったいあなたでないものが何か存在するでしょうか。あなたは宇宙であり、あなたの現実の映像によってそれ自身を再構築しているのです。ライトボディ第十レベルでは、私たちが「神なる自己《ゴッドセルフ》」と呼んでいるあなた自身の広大さへのつながりを完全なものにし、そこから機能するようになります。あなたはすべてとつながっているのを感じます。この惑星の上に落ちる枯れ葉の一枚にも、あなたが気づかないものはありません。なぜならあなたは惑星の意識になっているからです。ここでみなさんによく理解しておいてほしいことがあります。こうしたレベルの知覚は、人間の意識のもっとも奥深く、人間の遺伝的な意識のはるか深淵までつながっているのです。これらのすべては統合され、肉体へと返されなければなりません。もうだれもエーテル界をさまようといったことはなくなります。すべてを「ここ」に返す必要があるのです。

そこであなたがオーバーソウルにつながるとどうなるかというと、あの二重正四面体《ダブルテトラヒドロン》が面を交換しあって、いまや一体化したひとつのフィールドとして機能しはじめるのです。幾何学形は二重螺旋へと動きはじめます。いまのカルマ・ゲームにおいてはあなたがたのDNAは二重螺旋でしかありませんが、ライトボディは三重螺旋（またはそれ以上）のDNAをもつのです。そしてあなたの体の中心で五次元的な螺旋が形成されます。私たちが「マカバの乗り物」と呼んでいるものを、あなたは自分のエネルギー構造のなかにつくりはじめます。「マカバ」〔メルカバともいわれる〕とはヘブライ語で「戦車」という意味があります。

マカバは「光」の結晶構造からなり、あなたの完全性を保ったまま、空間・時間・次元のあいだを突き抜けることを可能にします。マカバはそれ自体の意識をもっています。あなたはこれにはたらきかけることによって、別の「根源体系」へ旅するかもしれません。私たちの視野からすると、ライトボディになるということは、じつはもっとはるかに大きなプロセスの一部でしかありません。私たちは、すべての世界と次元がこの宇宙の「根源」へと融合していき、それから別の「根源体系」とも融け合い、そのようにしてさらにどんどん「一なるもの」へと戻っていくのを見ています。これは本当にとてつもなく広大なプロジェクトです。

　私たちの見たところでは、かつてのあなたがたの帰還のなかで、これほど美しくて荘厳な「聖なる表現」はありません。ある人々にとっての帰還とは、この「根源体系」への帰還を意味しています。また、別の「根源体系」へ帰還する人々がいて、それらの「根源体系」がすべて融合するときの結びつきを設定するためにここに来ています。そしてある人々は、まさしくこの惑星をライトボディへと変化させるために来ています。そのほかの人々は惑星をそこから次の領域へとシフトさせ、またその次へ、さらにその次へと引き継いでいきます。私たちは全次元にわたるアセンションを扱っているのです。

　あなたはスピリットの助けによって、みずからのエネルギーフィールドからこの「光」の結晶構造をつくりあげます。さて、ここでそれぞれ異なった職務をもつ三つの「軸」について話しましょう。その三つの「軸」とは、天使の職務、宇宙同盟《スペースブラザーフッド》あるいは地球外生命体の職務、そしてアセンションしたマスターの職務です。これらはお互いに調和しています。アセンションするとき、宇宙同盟は自分たちのフィールド内でつくったマカバをすべてつなぎあわせ、惑星を取り囲むように連結させて惑星レベルのライトボディをつくりあげます。文字通りこの惑星がアセンションするための乗り物を建造するのです。惑星地球は三次元を去り、この次元は崩壊します。

アセンションしたマスターの「軸」は、指揮官やナビゲーターとして活動します。彼らはここで、この太陽系を複合星系へと連れだすことを調整しています。彼らは案内役なのです。また多くの天使的存在はライトボディになりますが、そのほかのものは純粋なエネルギー体に戻ります。人の姿をした天使としての私たちのエネルギーは、このプロセスにおける「ガソリン」にあたります。

あなたはライトボディ第十レベルで、みずからの「軸」にしたがって意識的に活動するようになります。みなさん全員がこれらの職務をすべて果たすよう、ＤＮＡに符号化がなされています。これは単にあなたのスピリットが、このプロセスのなかで今回あなたにどんな役を望んでいるのかということなのです。

これらの軸は、どれがどれより「重要」だとか「よい」とか「進んでいる」などといったものではありません。あなたの役を充分に楽しんでください。

●ライトボディ第十一レベル

あなたは自分のマカバの構造をつくりあげると、ライトボディ第十一レベルにシフトしはじめます。ここはあなたが、ライトボディにとどまって惑星とともにアセンションするか、惑星より先にアセンションして先任クルーとして活動するか、あるいはまったくの純粋なエネルギーの形に戻るかを決定するところです。これはライトボディ第十一レベルにおいて、自己の高次元のマカバにアクシオトーナル・ラインを通してつながったときに決定される事柄なのです。

アクシオトーナル・ラインはあなたのライトボディ構造の一部ですが、同時にあなたを別の恒星系や宇宙に結びつける機能もあります。その「光」のラインは鍼《はり》治療で用いられる肉体上の経絡《けいらく》にそって存在し、あなたの肉体と「スピン・ポイント」と呼ばれるところを通して結びついています。ライトボディ構造は、たくさんの「光」のラインが美しい幾何学形を織りなしてできています。あなたの変異の途上で、まるごと新しい五次元の循環システムが構築されました。細胞はアクシオトーナル・スピン・ポイントによって再生を完了し、あなたは分子レベルで再構築されたのです。あなたのスピリットはすべてのライトボディレベルにわたってこうした構造を創造し、強化して、肉体がより偉大なマカバを受け入れる準備をしてきました。

ライトボディ第十一レベルではこれらすべての構造がしっかりと根づき、フルに活性化します。

あなたは時間がとても速まっていることに気づいているかもしれません。すべての時間が同時に存在するという地点に行き着くまで、そのスピードはどんどん加速していきます。するとあなたは、自分が同時にどこにでもいるという感覚を出たり入ったりし、つまりあなたは同時性のなかと時間軸の上を行ったり来たりするのです。自分が後ろにさがったり前に出たりすることにも慣れていきます。地球上の大半の人がライトボディ第十一レベルになるころには、この惑星はすでに直線的な時間上には存在しません。同時性のなかに存在するようになっているのです。たくさんの楽しいことがあるでしょう。なぜなら「過去世」というのはジョークだとわかったとき、あなたが生きるたくさんの人生すべてにそれが共鳴するのですから。

どんな平行現実においてであれ、あなたが「光」を選択するときはいつでも、過去に経験したすべての人生に影響を及ぼすのです。どれもかしこも全部にです！　なんとパワフルなことでしょう。ある人がひとつの人生で「光」を選ぶとき、それはあらゆる時とあらゆる平行現実にわたって惑星全体に影響するのです。この平行現実だけをとっても、ここに七〜八百万人のライトワーカーが転生しています。あなたがたがどれほどの影響を与えうるかわかりますか。あなたには何ができると思いますか？　あなたがスピリットについていくかぎり、どんなものもお望み次第なのです。

あなたは完全にみずからの「神なる自己《ゴッドセルフ》」から機能し、どんな分離も存在しません。覚えていると思いますが、あなたは初期のレベルにおいて一生懸命スピリットを追いかけていたでしょう？　さあ、ついにあなたは追いついたのです！　ここにいたるまでには少々頭痛に悩まされたりインフルエンザにかかったりもしましたが、それもいまやすべて清算のときです。

あなたが世界じゅうで何よりもいちばん幸せを感じることが、「聖なる計画」におけるあなたの役目を知る鍵です。みなさんの多くは、惑星を助けるためのきわめて特殊な技術と洞察をたずさえてここに来ています。あなたはひょっとすると銀河間外交のスペシャリストかもしれないし、新しい家族構成や新たな形の政府に関するスペシャリスト、はたまた地球全体に平等に食物や資源などを分配することのスペシャリストなのかもしれません。あるいは新たなタイプのコミュニティでの生活、スピリチュアリティに目覚めた人々への新たな儀式、「光」にもとづいた新たなテクノロジーの創造、あるいは芸術を通しての新たな表現かもしれません。あなたのハートを歌わせてくれるものは何でしょうか。

ライトボディ第十一レベルにおいて、あなたは地上の天国というヴィジョンを具現化し、あなたのスピリットの至福の喜びを表現するのです。

●ライトボディ第十二レベル

第十二レベルでは、あなたは何をするかに関して自分の決定で行動します。それは惑星のまわりにいる人々とつながることだったり、あらゆる種類のことが含まれます。この惑星の最終的なアセンションのためにはたくさんの組織を存在させなければなりません。それはいろいろな評議会、新しい政府などすべてでです。そして、「いま・ここ」に存在するだけで、あなたはちゃんとそれができるのです。覚えておいてください、あなたは同時性のなかで活動しており、よりそういった意識が強くなっていきます。そしてあなたはいま、そうしています。もうすでに起こってしまっていることなので、これは確実に起きることなのです。惑星は誕生した瞬間からアセンションしつづけています。何も失われるものはありません。惑星の全歴史はアカシック・レコードに記録されているので、自分の体内に記憶をたくわえておく必要はないのです。

わかりますか、あなたのスピリットの意志にそわないことを選択するたびに（スピリットの選択はかならず起こりますが）、その選択を支えるための平行現実がひとつずつ生みだされるのです。したがって、こうした平行現実は何十億、何百億、何千億も存在するわけです。あなたがたの全員が時間軸をまたがって散らばり、目覚めてスピリットについていくようになれば、そうした平行現実のすべては引き戻されます。いまあなたはすべての平行現実の恒常的な融合のなかに生きているのです。つまりそうした平行現実のすべてが融け合う地点というものがあり、そこにはただその創造の瞬間からスピリットの道だけが存在するのです。記録のなかを除いて、そこではカルマ・ゲームはけっして存在しませんでした。しかしあなたにおいては違います。あなたは自分にそれらを負わせる必要はありません。あなたの体も、あなたの精神も、あなたのハートも、そんなものは負っていないのです。これはとてもエキサイティングなことです！　こうしてあなたは惑星をアセンションしていくのです。あなたはそれをまた紡ぎなおします。それぞれの「いまこの瞬間」とは、あなたがたが時空間と呼ぶものの織り物です。私たちの視点で見ると、それぞれの「いまこの瞬間」へとつながっているフォース・ラインが、すべての平行現実にわたって鉤のついたフックのように下りてきているのが見えます。次元は全時間を通して引っ張り上げられるのです。

このようにあなたがライトボディの第十一レベルから第十二レベルへとシフトするとき、地球という惑星の「聖なる計画」を最終的に活性化させるのです。地球は「光」になり、この次元をあとにして複合星系へと運ばれます。そこではだれもがライトボディであり、完全なる主権とマスター性をもってみずからのスピリットにしたがいます。すなわちあなたが自分の「根源」へと戻り、「根源」を経験するとき、帰還の道のすべてはあなたのアイデンティティと存在の全レベルで戻ることを表現するのです。

Q&A

Q　ほかにはどんな変異《ミューテーション》症状があるのでしょうか？

しばしば食べ物が、食べ物の味がしないように感じられることがあります。あなたはずっとおなかが空いているのを感じているのに、体はまったく滋養が与えられたとは認識しないのです。これはあなたのライトボディが、滋養として「光」を必要とするまで充分に活性化してきたためです。これにはてきめんに効く簡単な方法があります。ばかばかしく聞こえるかもしれませんが、お守りみたいによく効きます。両方の手のひらを太陽へ向けて、親指どうしで三角形の底辺をつくり、人差し指どうしを合わせて頂点と二辺をつくります。するとこれが光の後ろに存在する「光」に対して、アンテナとプリズムのようなはたらきをするのです。これを十五分ほど続けてみてください。体が「光」を吸収しているのを感じたら満腹感が生じるはずです。

また、自分の体が欲するものは何でもとり入れてあげてください。ルール本は捨て去りましょう。あなたはスピリットにしたがうためにここにいるのであって、ルールにしたがうためにいるわけではありません。もしあなたがベジタリアンでも、体が一キロのステーキを食べたがっていたら食べてください。もし芽キャベツが大嫌いだったとしても、体が要求するならそれを食べるようにしましょう。またアルコール、とくにビールにひかれる場合もあります。それはビールにはあなたの体が変異するのに役立つ、ある特定の物質が含まれているからです。何を摂取すればよいかについては「〜すべき」といった考えをかなぐり捨ててください。なぜなら、ずいぶんおかしなものを食べている自分を発見するかもしれないからです——たとえばほうれん草のシナモンいためとか。

睡眠時間がめちゃくちゃになることもあるでしょう。二時間しか寝なかった次の日には十二時間睡眠、またその逆が起きるといった状態です。疲労困憊状態で目が覚めることもあるかもしれません。あなたは広大で多次元的な存在であって、睡眠時にも忙しく働いているということを思い出してください。別の世界での自分に目覚めてくるにしたがって、肉体も実際に作業したように疲れるのです。そういうときは自分自身に対して、「どうか次元間のヴェールをしっかり保ってください」とか「今日の夜はオフにしてください」などと言いましょう。

あなたは自分で自分のライトボディのプロセスをどれだけ速くするか、コントロールしているのです。あなたがもっと「光」を吸収するにつれて、プロセスはどんどん速くなります。「チャクラ融合への祈り」はとてもシンプルな基本的プロセスですが、あなたのチャクラシステムをライトボディのなかで機能させることにより、ライトボディの成長を促し、あなたのエネルギー体が融け合うのを助けます。慣れるまで、日に六〜七回やってみてください。それからは「融合」と言えば、瞬時に融け合うようになります。この状態であるのが普通になるでしょう。その後はこの状態を抜け出てしまったとき、なにか「へん」だと感じるかもしれません。あなたのまわりの世界がひどく奇妙に感じられたら、ただ「融合」と言ってください。もし外界からたくさんのエネルギーを拾い上げすぎているのを感じたとしたら、それはあなたのチャクラとエネルギー体がきちんと融合していないからです。

もうひとつあなたにできるのは、「グレース（天恵）」のエネルギーをあなたの人生に呼び込むことです。聖なる「グレース」のエネルギーは、いまこの地球上でいちばんパワフルな手段です。「グレース」は地球を包みこんでおり、そのエネルギーはあなたが必要とするときにいつでも使うことができます。「グレース」のエロヒムはたいへん個人的な接し方をする存在で、あなたが話したいと思うとき、いつでも話せるのです。「グレース」はシルバー光線のエロヒムで、そのエネルギーはきらきら輝く真珠色の雪のように見えます。フェアリー・ダストみたいに見えるのです。ですから、もしあなたのまわりにそうしたものが見えるときは「グレース」があなたとともにいるのです。

「グレース」の聖なる力は、現在という一瞬一瞬から過去を完全に切り離すようにはたらきます。みなさんに心からお願いしますが、どうか自分の「悪い癖」をどうにかしようとしたり、自分に「罰」を与えようとはしないでください。宇宙はそれ自身、あなたの現実の映像を完璧かつ非個人的に再構築するのです。もしあなたが自分のここがいけないとか、罰されなければならないという映像を抱いていれば、宇宙はその嫌悪感のまわりに再構築されます。今回の人生での悪いところを処理したら、次はほかの転生での悪いところを処理、さらにその次は惑星そのものの悪いところを処理……！　もうやめてください。「グレース」の力はそうしたことが必要なくなるために地球に存在しています。どうかそれを使ってください。あなたがたのもっとも偉大なる財産です。

この「グレース」の力をあなたの人生のあらゆる面に使ってください。たとえば、あなたの車を「グレース」しましょう。もしも車の調子が悪くなったら、「グレース、エンジンをお願い!」と声に出して言ってください。私たちは「グレース」のことを「聖なる潤滑油」と呼んでいます。マーリン〔アーサー王伝説に登場する魔法使いの予言者。アセンションに関するメッセージをもたらしている〕は「グレース」のことを「コズミック・クリスコ」と呼んでいます。これには理由があります。あなたのフィールド内の正四面体《テトラヒドロン》には、あなたのカルマのパターンが結合するということを覚えていますか? あなたがだれかとこれらの正四面体で癒着している場合には、「グレース」のエネルギーを召喚しましょう。その真珠色の雪がこれらの正四面体に降りそそぎ、すぐに結合した部分がはずれます。「グレース」は何にでも使えます。そして「グレース」はあなたを助けるために力を惜しみません。つまるところ、それが「グレース」の「聖なる表現」なのです。もし自分が何かを処理しようとしているのに気づいたら、それをやめて「グレース」を呼びましょう。

私たちはこの惑星で、「もし私が今回の人生で~を処理できたら、自分はアセンションするか光に向かうことができる」というあなたがたの表現パターンをくり返し何度も見ています。さて、そこでニュースです。あなたが自分の何かを処理しようとしつづけるかぎり、あなたはどこにも行きません。あなたはいまや完全に、さまざまな目覚めとそのプロセスを通過している広大で多次元的なマスターなのです。処理されるべきものなど何もありません。それはただ単に開き、目覚め、思い出し、表現していくというプロセスです。そしてそれが大天使アリエルの教えです。私たちは人々にこれをやめるよう懇願する者として知られています。あなたがたライトワーカーの多くが、とにかく思いつくかぎりの何もかもをどうにかしようと奮闘し、はまり込んでいるのをよく目にします。それはまったく不必要なうえ、そんなことにかけている時間はないのです。あなたのカルマや制限をいちいち処理していくには、この惑星はあまりに速く進化しています。カルマとは単にカルマ・ゲームの幻影にすぎず、あなたはそれらをあとにして、その先へと進んでいるのです。

何かを「グレース」することと、否定的に生きることは違います。「グレース」の力を使うというのは、あなたの現実のいろいろな部分を否定することではありません。あなたが肉体の意識や人間の遺伝的な意識の別の部分にアクセスするとき、たくさんのもの（たとえば恥、罪の意識、恐怖や絶望など）が体から取り除かれるのです。私たちは人類の遺伝的な意識を解放する必要があるのです。何かを「処理」しようとすれば、あなたは永遠に処理しつづけることになるでしょう。なぜなら、どの人生もひとつずつ単独に処理していかなければならないからです。個々の人間の体験ごとに、そのそれぞれが人類の集合意識を保有しているのです。するとあなたはずっと過去にとどまることになります。しかし「グレース」は常に「いま」なのです。もしあなたがいつもスピリットとともに「いま」に存在しつづけ、スピリットが人間の遺伝的な意識へと導くのであれば、あなたの肉体の現実はそれを表現します。この場合は「グレース」の力を借りましょう。「グレース」はあなたが簡単にそれを手放せるようにしてくれます。それを表に出して、先に進みましょう。処理することはあなたを常に過去に閉じ込めたまま、分析と未来の予測へと向かわせます。これでは、けっして「いま」に存在することはできません。「グレース」

を呼び入れてください。

私たちはライトボディのプロセスをあたかも直線的なもののように話していますが、実際は直線的ではありません。私たちの見方では、これはまったく非直線的なプロセスです。みなさんの一人ひとりが「あなた」という独特の音色、すなわち音のサインをもっています。ライトボディは和音と似ています。たとえばあなたが第七レベルの状態にあったとして、もし第三レベルの自分と共鳴しているなら、インフルエンザのような症状が出てくる可能性があります。また第九レベルの自分と共鳴しあうなら、なんらかの音を耳にしたり幾何学形が見えるかもしれません。ですから、ライトボディのプロセスは全体的なパターンがあるにしても、あなたがた一人ひとりが関わっている実験なのです。みずからの神聖さを表現するときは、各人が自分自身のユニークなスタイルでこれを行ないます。そういうわけで私たちはとてもエキサイティングに感じて、「おや、なかなかのひねり！　なんて興味深いものが組み込まれているんだ！」などと言ったりするのです。

私たちが強く感じているのは、惑星を「光」に変えることは「超高速のお楽しみ」だということです。それが私たちが惑星を「光」へと変化させる理由なのです。みなさんももうすぐそう感じるようになることを望みます。あなたがたはすでに過去何千回にもわたってこれをしてきており、それはみなさんそれぞれが楽しい体験を得るためなのです。今度はどんなふうにしようかと思い描くのも面白いものです。あなたを通して奏でられるライトボディのメロディは、あなたのみに独特のものです。これがとてもエキサイティングという理由なのです。あなたがひとつの体の形態を「光」へと連れていくたびに、その体験はまったく新しいものとなります。ひとつの惑星が「光」に向かうとき、そこで何が起こるかは、その惑星がどんな密度や種族や集合意識をもっているかによります。惑星の住人たちが「光」へ向かったとしても、いつも惑星が一緒に「光」に向かうとはかぎりません。惑星地球をきわめて特別なものにしているものは何かというと、惑星自体も一緒に「光」に向かっているということなのです。そこでこのプロセスを助けるために、みなさんの惑星にはこれほど多くの注目が集まっているのです。これは地球の意識が今回のカルマ・ゲームの舞台となることに合意したときに、約束されたのです。

まさにいま、私たちが「敵対パターン」と呼ぶ大きなパターンが地球上から一掃されつつあります。一九八九年九月に、この惑星はあなたがたに対する敵対パターンを解き放ちました。それはどういうことかというと、みなさんの惑星はもう住民である人類に対して報復の必要を感じていないということです。このことは、いままで地球に起こると予言されていたカタストロフィの多くが回避されたことを意味します。たとえ地震や噴火、洪水などという自然災害が起こっても、命を失う人の数はたいてい最小限ですむでしょう。土地は大きく破壊されるかもしれませんが、これは物質から離れよという合図です。

もうひとつあなたにできることがあります。ライトボディのプロセスではあなたの脳の機能がシフトする時点があって、そのとき頭痛を経験するかもしれません。松果体と脳下垂体を開くように促すことで、楽に通過することができます。これは起きるべくして起こる自然なプロセスです。瞑想した状態で目を閉じ、眉間に意識を集中してください。少し頭痛がしたり、何回か実行しなければならないかもしれませんが、ある時点で松果体が新たな機能に変換されたときに発される、明るい閃光を見るでしょう。

つぎに、脳下垂体のために後頭部に意識を集中します。やはり脳下垂体の機能が開かれたことを告げる閃光が見えるまで続けてください。これによってほとんどの頭痛は軽くなり、松果体と脳下垂体の成長が促されます。

あなたのライトボディの活性化レベルを決定するものは何かというと、それは一連の音色を帯びた色の配列です。ライトボディのプロセス全体は音色、色調、幾何学形によって表現されます。あなたのスピリットがエネルギー体にはたらきかける瞑想中などに、これらを感じとるかもしれません。調和した音を聞くとき、そのいくつかはとても気持ちよく感じられるでしょう。それがあなたの音色です。心地よくない音もあるかもしれませんが、それはほかの人のためのものです。

Q　平行現実もアセンションするのですか？

カルマ・ゲームのなかに自由意志が存在するということは、自分のスピリットの意志にそわないものも選択できることを意味します。そのときには、スピリットが求めるものにしたがうという平行現実が生みだされます。あなたがスピリットの意志に反した選択をするたびに、これが起きるのです。

あなたが目覚めてスピリットについていくようになると、もう新たな平行現実は創造されなくなり、かつてあなたの選択によってつくられた平行現実は引き戻されて融合します。あなたはこの惑星上にある何千もの平行現実を毎日融合させながら生きつづけるのです。これらすべての平行現実が融け合ったとき、あなたに残されるのは、創造の夜明けから続いているスピリットの道を反映した現実です。そこではカルマ・ゲームなどじつは存在していなかった、ということになります。

私たちの視点からすると、「いまこの瞬間」というひとつひとつの時点が、みなさんの「空間と時間」と呼ぶもののすべてを紡いでいるのが見えます。私たちにはすべての平行現実にわたって、それぞれの「いまこの瞬間」を通っているフォース・ラインが見えます。それらは三次元のなかに「鉤のついたフック」のようにつながれ、すべての時間を通してより高次元に「引っ張り上げる」のに使用されます。

あなたに時間を横切る感覚が生まれてくると、それとともに時間軸上の「いまこの瞬間」という時点を感じはじめます。ほとんどの人がライトボディ第十一レベルに達するころには、この世界はもはや直線的な時間のなかには存在しなくなっています。あなたは同時性のなかに存在するようになり、「過去世」はジョークになるでしょう。あなたのすべての人生が、時間と空間を通してお互いに共鳴しあうのです。あなたのすべてのパーソナリティがみんな「光」を選択したとき、それはそのほかの全時間と全平行現実にわたって影響を与えます。さらにそれらのパーソナリティに関わるすべての人々にも影響を及ぼすのです。というわけで、たったひとりの人がスピリットにしたがうことを選択すれば、それは惑星地球の歴史全般に影響することになります。

この平行現実には約七〜八百万人のライトワーカーが存在します。私たちみんながてきることを、ちょっと想像してみてください。何でもです！　あなたがスピリットについていくかぎり、できないことは何もないのです。

Q　惑星のたどるプロセスは、私たちのプロセスとどう違うのですか？

一九八九年四月十六日、この惑星はライトボディ第三レベルに活性化されました。一九九三年一月には地球は第七レベルへと突入しています。さらに一九九四年五月三十日に第八レベルとなり、一九九四年十月十五日には第九レベルになりました。ここにきて「聖なる計画」が劇的にスピードアップしていることに気づくでしょう。地球は現実の映像をまるごとかなぐり捨てています。最近のあらゆるテレビ番組や新聞をふり返ってみると、「第二次世界大戦を掘り起こそう」というものが目につきます。これらの歴史的な視点は、惑星が一般世論から現実の映像を放逐し、一掃していることと関係があるのです。地球はカルマ・ゲームを通して叩きこまれてきた経験とそれらの束を、そっくりふるい落としているのです。ほかにもあなたは、いまにも何かがこの惑星で起きるのではないかという強い危機感を感じているでしょう。常に何かが起きるという感覚があるのです。あなたの受けとめ方にもよりますが、これはストレスいっぱいになるか、抵抗するかになりがちです。「なるほど、すべては一緒に進行しているのだ」というわけで、二極化が増大しています。惑星それ自身が古典的かつスピリチュアルな躁鬱症めいた動揺を感じているのです、「ああ、私は恒星になりつつある！」というのと、「私たちはみんな爆発してしまう！」というのとで。

地球は人々に完全に敵対パターンをふるい落とすことを要求しています。ですから唐突にヨーロッパではアンチ・ユダヤの風潮が起こったのです。これは長続きしません。なぜならそれを支える敵対パターンがないからです。それは「行動」というよりも「表現」なのです。行動でなく表現であるがゆえに、海外で起きていることに対していままでとは違った感じ方をするようになります。戦争をつくりだしてそれを維持するのは「行動」であり、憎しみを「表現」するのとは違います。一度憎しみが表現されれば、それを燃え上がらせるもとになっていたエーテル性青写真がなくなってしまうので、たいていは下火になって消滅します。惑星の構造とあなたがた一人ひとりから、すべての敵対パターンが解き放たれています。どんな「われわれ対やつら」のパターンも解放されるのです。

いろいろな種類の新しい考えが集団意識に入ってきています。ライトワーカーはどこにでもいます。何人の人が『エイリアン・ネーション』を見ましたか？　あれは準備のための仕事をずいぶんしてくれました。新しい考え方、生き方、関係の結び方などを受け入れるために、たくさんのものが人々の意識のなかに入りこんできています。私たちはアップル・コンピュータのスローガンが気に入っています。それは「あなたたちの両親はあなたに世界をくれました。あなたの子供たちには宇宙をあげましょう」というものです。また、「スター・トレック」の偉大な業績の数々もあります。『ネクスト・ジェネレーション』と『ディープスペース・ナイン』は人々に複合的な現実の性質と、意識に関係する時間と空間の性質について教えてくれました。これはとても価値のあることでした。そして銀河系コミュニティに惑星を受け入れるときに必要になるデリケートな外交手腕については『ファースト・コンタクト』でカバーしました。『トランスフィガレーション』では、ある生物が宇宙船エンタープライズ号の操舵装置のところでライトボディになります。

あなたはきっと、音楽のなかにもたくさんの符号が存在しているのに気づくでしょう。レイヴ・シーンはとてもパワフルです。人々の出会いを意識につなげて、惑星のエネルギーを引き上げるのに役立っています。祝福が人々の体を通して駆けめぐるのです。それと同時に、別のタイプの音楽には憎しみのメッセージも存在しています。二極性は続いています。

いま現在、「いったい何がどうなってしまったんだろう?」という雰囲気がこの惑星全体をおおっています。ですから、みなさんにやさしくあってくださいとお願いします。なぜなら古い映像がそぎ落とされるのは、とても恐ろしいことだからです。惑星そのものが恐怖をいっぱいに押し上げてきているのです。

この惑星のなかにグラウンディング・ダウンするよりも、グラウンディング・アップ〔上のほうに向けてグラウンディングすること〕するよう、みなさんにお願いします。この惑星は変異《ミューテーション》の真っ最中にあり、あなたがたが地球の内部にグラウンディングすることは地球を混乱させます。地球はあなたがたをいますぐ安定させなければならないわけではありません。むしろ地球自身を安定させることが急務なのです。実際にあなたが地球を安定させるためにできることがあります。それは自分のスピリットの広大さへとグラウンディング・アップして、そのエネルギーを極として行動するというものです。こうすることによって、地球はそれ自身の広大さにサポートされるようになります。

Ｑ「ディセンション（次元降下）」とは何でしょうか。

ディセンションは、あなたのスピリットの高次の側面があなたの肉体のなかに住むようになるときに起こります。普通はまずこの高次の側面にチャネリングして、それから自分のより大きな部分である広大さに接続します。ディセンションはこの変異のプロセス全般にわたって常に起こり得ます。それは甘い啓示の体験で、数日間ただの「至福ぼけ」と化してしまうようなおだやかな場合もあれば、はなはだしく不快なこともあります。

大規模なディセンションでは、あなたのアイデンティティが窓から投げ捨てられることさえあります。あなたがだれであるかという点で、あなたの思考が剛直であればあるほどディセンションは難しくなるでしょう。あなたがもっとオープンな態勢であれば、それはただ「あれ、今日の私はだれ？」「今日の現実は……」ですんでしまうことなのです。

ディセンションが簡単なものであればあるほど、軋轢も少なくてすみます。これは自然なプロセスなので、みなさんのだれもが一度は経験したことがあります。たいてい第三・第六・第九レベルでディセンションが起こります。その症状はさまざまでしょう。一部の人々はこうした状態をウォーク・インと考えますが、そうではありません。ディセンションはとんでもなく劇的な場合があるので、ウォーク・インのように見えるのです。こうしたことはもっとどんどん起こるようになっていくと私たちは見ています。なぜなら人々はより強烈なディセンションを体験しつつあるからです。

Q　私たちは地球の変異に影響しているのですか？

もちろんです。宇宙はあなたがもつ現実の映像にそってそれ自身を再構築する、ということを思い出してください。もしあなたのもっている地球の映像が、汚染され、破壊された惑星というものだったとしましょう。さて、どうなると思いますか？　あなたは汚染され、破壊された惑星を体験するというわけです。もしもあなたの映像が、地球はとても美しく、みずからを浄化している惑星であって、その住人たちを絶妙に支えてくれているのだというものであれば、そのとおりになるのです。だから私たちはあなたがたに美しくてポジティブなことにのみ焦点を合わせてくださいと言っているのです。たとえばオゾン層に関して恐怖に走ることは何の助けにもなりません。それはただ穴を大きくするのを助長するだけです。穴はそこにあるようにデザインされているのであり、いずれにせよそれは、もっとそこに聖なる力と光線を入りやすくするためなのです。

あなたはこの惑星を助けるために、あらゆる種類のことができます。恐怖や罪の意識を感じることなく、木を植えることもできるし、ゴミをきれいに掃除することもできます。恐怖はあなたを停止させてしまいます。聖なる庭師になることを学びましょう。そして「愛」の種をいくらかまけば、それは新たな「真実」の育成につながり、「聖なる意志」という果実を刈り取ることへと結びつくのです。

Ｑ　「グレース」のエネルギーが完全に具現化するにあたって、何か偶然に重なって起きた天使的な出来事はありましたか？

たくさんの出来事がありました。「グレース」はもともと、一九八九年九月に惑星上グリッド・ワークの一部としてこの惑星のまわりにやってきました。この時点からゲートが毎月開かれるようになったので、みなさんも慣れてくるでしょう。これによって、あなた自身のスピリットのさまざまなエネルギーやテクノロジーや情報、別の側面などにアクセスすることができます。みなさん一人ひとりと地球のために、すでにライトボディ内にいる「あなた」のすべての接続がなされました。

もしあなたがゲートに抵抗しないで、あなたの内にエネルギーを流すようにしてみれば、とても素晴らしく感じるでしょう。もしあなたが変化に抵抗するなら、エネルギーはあなたのフィールドのなかで滞ってしまいます。私たちは、人間が未来の人生に関してじつにイベント好きであるという強い傾向をもつことに気づいています。そして地球上でかなりの数にのぼるグループで、未来にゲートか何かが開くのを常に期待しつづけるという問題が共通して見られることを発見しました。私たちに言わせてもらえば、ゲートはずっと開きつづけているのであり、「いま」にいるほうが、そして現在においてあなたのスピリットとともに存在することのほうがはるかにパワフルです。未来のどこかある時点であれこれのゲートが開くことに注目していると、しばしば「いまこの瞬間」に起きている奇跡を見逃してしまうのです。

Q　ライトボディのプロセスは、動物に対してどう影響するのでしょうか？

多くの種が現在地球を離れることを選択しています。なぜかというと、デーヴァの意識がその特定の形の体をライトボディのなかにとどめることを望まないからです。ところでほかの生物たちを愛し、気にかけるのはよいのですが、あらゆる意識存在はいま何が起こっているかをきちんと理解しているということを覚えておいてください。

ほとんどの種では、変異にともなう体の症状は体験していません。動物たちはおのずと変異しつつあります。彼らはあなたがたと同じようにエネルギーフィールドを一体化させなくてはならない必要などないのです。なぜなら、もともと自分自身を分裂させたりしていないからです。トラブルを体験している唯一の種は飼われている犬です。猫は大丈夫で、実際にこのプロセスを助けるように機能しています。猫は最高のチャネルであり、ネコ科の集合ソウルは人類のアセンションを手助けすることに同意しているので、身近にいてもらうととてもいいでしょう。もし猫があなたと一緒に眠りたがったら、そうさせてあげてください。

犬と猫はそれぞれ、古い世界と新しい世界の極を保持するよう分極化されてきました。犬は解放されたたくさんのエネルギーを吸収してくれるし、猫は新たなエネルギーを呼び入れてくれるのです。犬は寄生虫の問題が起きやすくなっているようで、以前よりも注意が必要です。彼らの食べ物と水に「水への祈り」を唱えてあげましょう。

Q　アクシオトーナル・ラインはバランスのとれたエネルギーフィールドに自然にそなわるということですが、物事の具現化にあたってこれらのラインが作用する原動力は何なのでしょうか。

スピリットが具現化させるのです。あなたは高次のグリッド・システムにつながっています。あなたの体内のアクシオトーナル・ラインはスピン・ポイントによって、全次元にわたり存在する結晶構造のグリッド・システムとあなたをつなげます。そしてスピリットが瞬間的に具現化を望んだとき、それらのラインは次元間で光を放つのです。

そのラインは第八チャクラのテンプレートのなかで、結晶構造のグリッドに正確にそった構成で配列されなければなりません。アクシオトーナル・ラインは第八チャクラに接続し、さらにこの宇宙および別の「根源体系」のいろいろな星系グリッドへとつながっていきます。スピリットはそれ自身の広大さをもっと具現化するために体を通してこれらのラインを活性化し、それはまたさらに多くのラインを活性化して、スピリットがより深く入ることを可能にし……というふうになります。

そしてこのグリッド・システムができあがったあと、「われありという存在」への通路である第十一チャクラが活性化します。テンプレートがきちんと配列されてグリッドに組み込まれたら、あなたは神のレベルの能力すべてを顕現します。しかしそのためにはキリスト・オーバーソウルを経験しなければなりません。そうでないと、あなたの肉体は燃えつきてしまうでしょう。

ライトボディ第十一レベルを通過すると、あなたは「光の言語」を理解しはじめ、解読するようになります。もし何か理解できないことがあれば、ただスピリットにむかってあなたを開き、音色が体を通してやってくるのを受け入れてください。これによってあなたのフィールドの奥深くにたくわえられていた知識が解読されるでしょう。そうです、ただ音色があなたを通り抜けていくままにするのです。その音は高次元からやってきて、あなたの体を楽器として奏でるのです。あなたは何もする必要はありません。スピリットがそれをしてくれます。

Q　耳のなかで甲高い口笛のような音が聞こえるのは何を意味しているのでしょうか?

それはたぶん、高次元の存在があなたにコンタクトしようとしているのでしょう。静寂のなかに入り、「私は自分を開いて受けとります」と言って迎え入れてください。音色や言葉、メロディなどがやってくるかもしれません。

ツール

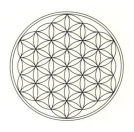

アセンションの基本テクニック

『ライトボディの目覚め』の前の版をお読みくださった方々より多くのリクエストがあったので、今回の改訂版には「ツール」の章を設けることにしました。ここで紹介する基本的なツールやテクニックは、たくさんの変異症状を軽減し、あなたのすべての側面を整えて、生きることに多くの平安と楽しみをもたらすのに役立つことが実証されています。「チャクラ融合」と「光への祈り」それに「水への祈り」はアセンションのための基本的なテクノロジーだと私たちは見なしているので、この章へ移しました。

「チャクラ融合」はエンジェリック・アウトリーチの基本テクニックにあたります。これは、あなたの変異《ミューテーション》を全レベルでサポートします。「チャクラ融合」は光のバブル（泡）をつくり出して、その光のバブルがあなたにもっともっと広大な波動を取り扱うことを可能にする、力の場のような働きをするのです。そしてまた他人の現実の映像を遮蔽するフィルターとなってくれます。あなた方の多くは自身のエネルギー体がばらばらな状態にあるので、普通に歩きながら他人のエネルギー体に突っ込んでいってしまっているのがほとんどです。ライトワーカーにとって重要なのは、自分のエネルギー体の中に戻って、みずからのエネルギーが何であるのかを知っていることです。

「チャクラ融合」は、ひと息ごと、ひと足ごとに自分のスピリットに従えるようになるために、私たちが知るなかでも最高の方法です。もし自分が「未来の過去」にはまってしまっているのに気がついたら、いつでも「チャクラ融合」を行なうことをおすすめします。この手順は、はじめは面倒くさそうに思えることでしょうが、忍耐強く続ければ、二週間以内に一瞬にして融合できるようになります。さらに四〜五週目の終わり頃には、融合した状態から外れないようになります。これは他の多くの瞑想法と違って、自分の肉体を抜け出ることなく、意識をしっかり保ったままの状態で行なわれます。つまりそれは変性意識の状態であり、あなたはそのなかで生きられるようになるのです。

「チャクラ融合」への祈り

ハートの中心から
わたしは「光」を吸い込みます
わたしのハートは開きはじめ
わたし自身が美しい「光」の球へと
広がってゆきます

ハートの中心から
わたしは「光」を吸い込みます

その「光」を広めながら
わたしののどのチャクラと
太陽神経叢のチャクラを
ひとつの融合した「光」のフィールドにします
体の内も外も、まわりじゅう

ハートの中心から
わたしは「光」を吸い込みます
その「光」を広めながら
わたしの眉間のチャクラと
下腹のチャクラを
ひとつの融合した「光」のフィールドにします
体の内も外も、まわりじゅう

ハートの中心から
わたしは「光」を吸い込みます
その「光」を広めながら

わたしのクラウン・チャクラと
ベース・チャクラを
ひとつの融合した「光」のフィールドにします
体の内も外も、まわりじゅう

ハートの中心から
わたしは「光」を吸い込みます
その「光」を広めながら
わたしのアルファ・チャクラ（頭上約二十センチ）と
オメガ・チャクラ（背骨の下二十センチ）を
ひとつの融合した「光」のフィールドにします
体の内も外も、まわりじゅう
わたしはメタトロンの波動が
この二つの点のあいだを流れるようにします
アイ・アム*、「わたし」は「光」とひとつです

ハートの中心から

わたしは「光」を吸い込みます
その「光」を広めながら
わたしの第八チャクラ（頭の上方）と
太もも上部を
ひとつの融合した「光」のフィールドにします
体の内も外も、まわりじゅう
わたしはみずからの感情体を肉体に融け合わせます
アイ・アム、「わたし」は「光」とひとつです

ハートの中心から
わたしは「光」を吸い込みます
その「光」を広めながら
わたしの第九チャクラ（頭の上方）と
太もも下部を
ひとつの融合した「光」のフィールドにします
体の内も外も、まわりじゅう
わたしはみずからの精神体を肉体に融け合わせます

アイ・アム、「わたし」は「光」とひとつです

ハートの中心から
わたしは「光」を吸い込みます
その「光」を広めながら
わたしの第十チャクラ（頭の上方）と
膝を
ひとつの融合した「光」のフィールドにします
体の内も外も、まわりじゅう
わたしはみずからのスピリット体を肉体に一体化させて
融合したフィールドをつくりあげます
アイ・アム、「わたし」は「光」とひとつです

ハートの中心から
わたしは「光」を吸い込みます
その「光」を広めながら
わたしの第十一チャクラ（頭の上方）と

すねの上部を
ひとつの融合した「光」のフィールドにします
体の内も外も、まわりじゅう
わたしはオーバーソウルを
融合したフィールドに一体化させます
アイ・アム、「わたし」は「光」とひとつです

ハートの中心から
わたしは「光」を吸い込みます
その「光」を広めながら
わたしの第十二チャクラ（頭の上方）と
すねの下部を
ひとつの融合した「光」のフィールドにします
体の内も外も、まわりじゅう
わたしはキリスト・オーバーソウルを
融合したフィールドに一体化させます
アイ・アム、「わたし」は「光」とひとつです

ハートの中心から
わたしは「光」を吸い込みます
その「光」を広めながら
わたしの第十三チャクラ（頭の上方）と
足を
ひとつの融合した「光」のフィールドにします
体の内も外も、まわりじゅう
わたしはアイ・アム・オーバーソウルを
融合したフィールドに一体化させます
アイ・アム、「わたし」は「光」とひとつです

ハートの中心から
わたしは「光」を吸い込みます
その「光」を広めながら
わたしの第十四チャクラ（頭の上方）と
足もとの地面を
ひとつの融合した「光」のフィールドにします

体の内も外も、まわりじゅう
わたしは「根源の存在」を
融合したフィールド全体にゆきわたらせます
アイ・アム、「わたし」は「光」とひとつです

ハートの中心から
わたしは「光」を吸い込みます
どうかわたしの最高次のスピリットが
ハートの中心より輝きだし
この融合したフィールドを
完全に満たしつくすようにしてください
わたしはこの日一日じゅう「光」を放ちます
アイ・アム、「わたし」はスピリットとひとつです

*アイ・アム（I AM）　ここでは単に「私は……である」という意にとどまらず、神でありすべてである自己という意味。もともとはモーゼが神に名をたずねたとき、神が答えたという言葉「アヘィア・アッシャー・アヘィア（われはわれたるもの）」の英訳"I AM THAT I AM"からきたフレーズ。神智学では「神我」などとも訳される。この「祈りの言葉」では、原文の音のパワーと効果を生かすために「アイ・アム」をそのまま用いている。

「チャクラ融合」が終わったら、多次元的にグラウンディングをしましょう。太い「光」のラインがオメガ・チャクラ（背骨の下約二十センチ）から発されているのをイメージしてください。それがあなたの背骨に沿ってずっと上昇していき、そのまま融合フィールドの上層部までつながっています。惑星地球にではなく、あなた自身のスピリットの広大さへとグラウンディングしましょう。地球も変異のさなかにあるのですから。あなたのスピリットがあなたを安定させるのを許しましょう。あなたのオメガ・チャクラのポイントから、裾広がりのスカートのように十二本の「光」のラインを下方へと伸ばします。それによってあなた自身を、この惑星ホログラムの平行現実を通して安定化させるのです。

次の「光への祈り」は、あなたの「融合フィールド」をその位置に固定することを助け、光の吸収量を増大させます。これはパワフルな意図の宣誓です。

「光」への祈り

わたしは「光」のなかに住む
わたしは「光」のなかで愛す
わたしは「光」のなかで笑う

アイ・アム、「わたし」は「光」によって保たれ
滋養を与えられる
わたしは喜びにあふれて「光」に奉仕します

なぜなら「わたし」は「光」だから
アイ・アム、「わたし」は「光」です
アイ・アム、「わたし」は「光」です

われはここにあり
アイ・アム　アイ・アム　アイ・アム

●光を吸収するテクニック

ライトボディ第十一レベルの変異《ミューテーション》に近づくとともに、私たちの肉体は純粋な「光」の波動を栄養素として代謝できるようにシフトしていきます。すると内分泌系が不安定となり（特に甲状腺、すい臓、副腎）、肉体は日常食物として「光」を求めるようになるので、多くの人が体重を増やしてしまいます。なぜかというと、多くの人は自分が何のために空腹なのかがわからないまま、「何か」を求めて多種多

様なものを食べるのですが、物質的な食べ物では満たすことができないために、継続する空腹感を体験させせられます。その結果、肉体は飢えていると信じ込み、脂肪をため込むようになるのです。

肉体が食物をまだ要求する間は、「ロータス・ソード外科施術者」による全身内分泌系再調整という方法もありますが、自分の日常食物として「光」を摂り入れるようにすれば、これらの症状を安定化させるのに役立ちます。

まず、外へ出て太陽に向かいます。天気が曇りでもかまいません。空に太陽を見つけて、それに向き合ってください。手のひらを外側に向けて、両手の親指どうしと中指どうしを付け、三角形を作るようにします。これによって、あなたの両手の間には四面体プリズム状構造が作られます。あなたの手を自分のハートへ向かって傾け、自分の肉体が「太陽の光を超える光」を吸収する、と意図的に定めてください。私たちの太陽は、われわれの「中心太陽《セントラル・サン》」であり銀河の核であるオリオン系から発せられるエネルギーを転送するポータルなのです。あなたがこれを実践するとき、肉体は銀河の中心の波動を吸収しているのです。それはライトボディの変異を促進させ、肉体に満腹感を与えてくれます。あなたの両手の間にできたプリズム状構造は、この波動を増幅させるのです。しばしばあなたの肉体が充分なエネルギーを吸収すると、両手は自然に離れます。これをしたあとは「おなかいっぱい」になった感じがするでしょう。これを毎日行なっている人もいますし、間をおいて行なっている人もいます。他のことと同様、これもどのくらい行なうかは自分のスピリットの意思にしたがうようにしてください。

あなたが摂っている物質的な食物に関していえば、それらも「光」を吸収するのに役立ちます。食べ物に「水への祈り」を唱えることでそれが実行できます。私たちの肉体と同じように、食物もその約七十五パーセントは水分なので、どんな食べ物や飲み物に対してもこの祈りの言葉を使うことによって、より純粋な光の波動を肉体に浸透させられるようになるのです。

「水」への祈り

わたしは「命の水」を受け入れます
これを「光の水」と宣言します
この水を体にとり入れるとき
わたしの体を輝かせてくれます
わたしは「命の水」を受け入れます
これを「神の水」と宣言します
わたしは「わたし」であるものすべてのマスターです

スピリチュアルな清浄さを保つプログラム

どんなたぐいのものであれ、あなたの密度が脱落してきているときにはこのテクニックが役に立ちます。必要なら一日に六〜七回行なってください。まず変異の紫の炎と「グレース」のシルバー光線を一緒にミックスして、美しい真珠色に輝く紫をイメージします。それがあなたの肉体に注ぎ込まれて全身を満たしていくのを感じましょう。それから感情体《エモーショナルボディ》、精神体《メンタルボディ》、スピリット体それぞれへと流していってください。また、お風呂にあら塩を入れてお湯のなかに光線を呼び、注入します。服とベッド用品をひと握りのあら塩で洗って、ネガティブなエネルギーの残留物を取り除きましょう。眠っているあいだにいちばん浄化が進むので、新しいシーツをベッドに敷くときにこれらの光線を呼び出して、古いエネルギーを変換させてください。きっとずっと気持ちよくなるでしょう。(「ユニヴァーサル・ディトックス」「愛しのわが家の環境パック」のポーションを使ってもいいでしょう)

●エンティティの解放

私たちのフィールドは、しばしばアストラル界からのエンティティ(霊的存在)に侵入されるものです。意識的にせよ、そうでないにせよ、私たちが恐怖や必要にかられた瞬間に同意して受け入れてしまうのです。こうしたエンティティはたいてい、私たちを身代わりに使って生きることの見返りとして、何かしら私たちの気が楽になるようなことを約束します。アストラル界のエンティティたちは、三次元の存在と同じように二極性の幻影とゆがみに影響されているので、このような取り引きのほとんどは、まったく価値のないものです。彼らはしばしば物に対しても人に対しても、さまざまなタイプの中毒を糧にして生きています。あるものは本当に怒りと暴力を楽しみ、言い争いやカルマ的な状況からエネルギーを吸い上げ、カルマをさらに強烈なものにします。ときには人と人との関係が、実際には取り憑いたエンティティどうしの関係だったりすることもあるのです。

これらのエンティティを光のなかへと解き放つことは常に有益です。それによって彼らは次の進化の段階へと移れるし、あなた自身はそれらの影響から自由になれるからです。「エンティティの解放」は、「スピリチュアルな清浄さ」を保つプログラムの一環として実行するとよいでしょう。なかには、単に自分のフィールド内になんのエンティティも「忍び込んで」いないことを確認するために、定期的にこれを行なっているという人もいます。ただしこのプロセスは、あなた自身がこれらのエンティティと同意している場合にのみ、その解放が可能です。他の人の同意によるものを解放することはできませんので、注意してください。

まずはじめに助けを求めましょう。「大天使ミカエル、どうか光のトンネルをここへつないでください。アリエル、アズラエル、そしてアル・キリ、どうか力を貸してください」

「私は、私自身あるいは私の体のなかに存在するだれか、または私の遺伝的係累が、意識的であれ無意識であれ、アストラル界のエンティティ、残留思念、悪魔、闇の勢力、精霊《エレメンタル》、異星人、亡霊《ブギー》などと取り交わした、いかなる合意あるいは契約もすべて破棄します。どうかトンネルのなかへ入ってください。あなたを故郷へ送り出してあげます」

あなたがエンティティの解放を開始するその瞬間から、あなたの感情や考えは自分のものではないと思ってください。退屈、集中できない、抵抗、「こんなの効くわけがない」という考え、怒り、痛み、悲しみなどは、すべてエンティティからやってきているのかもしれません。それらを見つけ出し、送り出してあげましょう。「抵抗しているエンティティたちよ、光のなかへ行きなさい！」と言います。トーニング〔音を発することでヒーリングをする方法〕はエンティティの解放にとても有効です。あなたがすっきりと軽くなったのを感じたら、大天使ミカエルにたのんで、トンネルを五次元に戻してもらいましょう。

●トリプル・グリッド

あなたのいる空間をエネルギー的に清浄にしておくのはきわめて重要なことです。あなたが変異していて密度がどんどんぬけ落ちてきたからだけでなく、地球上のみんなが変異しているからです。あなたは少なくとも半径約八百メートル強にわたる範囲でエネルギー的な影響を受けています。トリプル・グリッドのテクニックは、あなたの生活環境や仕事環境、車中などのエネルギーを安定させる、きわめて融通のきくテクニックです。「求めよ、さらば与えられん」という原則にもとづいています。ここでは何を頼むかを特定することが大切です。

このテクニックはある特定のグループに特定の機能を果たしてもらうように依頼します。大天使ミカエルの部隊は、構造にエネルギーを注入し、その構造を維持するのにとても長けています。デストロイヤー・フォース・エンジェル（破壊力をもつ天使）たちは木炭フィルターのようなはたらき方をします。彼らはできるかぎり高次のエネルギーが現われるように、光がやってこられるスペースをつくってくれます。それは聖なる可能性を創造して「光」を拡大する存在であって、「光」を凝縮させてしまう闇の勢力と混同しないようにしてください。また「保安サークル」は「恒星と惑星の銀河間連盟」の支部です。次元間と宇宙間のコミュニケーション・グリッドを設定し、浄化して維持することがその仕事です。

トリプル・グリッドのテクニックでは、あなたは特定のグループにそのレベルのグリッドや、幾何学形、サイズ、場所などを設定してくれるように依頼します。球状グリッドがもっとも安定していて維持するのが簡単なので、この幾何学形を日常的に（たとえばあなたの家のまわりや車や仕事場に）使うことをおすすめします。毎週これを更新するようにしてください。また、もしエネルギーがおかしくなってきていると気づいたときには、グリッドを更新したくなるでしょう。基本は次のとおりです。

・大天使ミカエルの部隊――グリッドレベル１――球形、私の家
・デストロイヤー・フォース・エンジェル――グリッドレベル２――球形、私の家
・保安サークル――グリッドレベル３――球形、私の家

そして、たとえばこのように言います。

「デストロイヤー・フォース・エンジェルたち、どうかあなたがたのグリッドを回転させて、アストラル界のエンティティ、さまよっている電磁波、恐怖、不調和、ウイルス、細菌、バクテリア、心配、

アストラル界の歪みやねじれ、コミュニケーションの不和、悲しみ、敵対パターン、欠乏、孤独感、そしてこの言語でもどんな言語でもここにあげられていない、あなたがこの時点でこのスペースから去る必要があると知っているもののすべてをはじき飛ばしてください」（これらは単なる提案です。何でも必要なものをあなたの状況に合わせて組み込んでください）

浄化が完全に終わったと感じたら、こう続けてください。

「同じものについて、反対回り」

それが終わったのを感じたら、

「回転ストップ。どうもありがとう」

「大天使ミカエルの部隊よ、どうかグレース、信仰、希望、平和、純粋、自由、調和、そして勝利のエロヒムのエネルギーをグリッドに注入してください。愛、親密さ、チャクラ融合、中心にいること、明晰さ、スピリットとの完全なつながり、寛大さ、明確なコミュニケーション、健康、財産、迷いなくスピリットにしたがうこと、マスター性、主権、天国に生きること、そしてこの言語でもどんな言語でもここにあげられていない、あなたがこの時点でこのスペースに存在する必要があると知っているもののすべてを注入してください。グリッドを封印してください。ありがとう」（これもさらなる提案です。あなたの状況しだいで必要なものを入れるようにしてください）

「保安サークルよ、どうかグリッドを高次元のグリッド・ワークと調和するように軸調整をしてください。グリッド上のすべての歪みやねじれと寄生物を解き放ってください」

「スピリットとより明確なコミュニケーションができるための波動を注入してください。グリッド封印。どうもありがとう」

あなたの家のグリッド

前の例は家のグリッドをつくるときにも使えます。家のグリッドを設置するときには、何のエネルギーがあなたに逆効果になっていて、何のエネルギーがあなたのサポートに必要なのかをその日ごとに意識するようにしてください。

あなたの住んでいるのが、その地域の空港の飛行航路上だったとしたら、

「マイクロ波とレーダーをはじき飛ばしてください」

または自分のパートナーや一緒に住んでいる人とうまくいってないのなら、

「カルマ的モナドたち、怒り、敵意、コミュニケーションの不和、過去への言及、古くさいテレパシー的イメージ、アストラル界のエンティティ……をはじき飛ばしてください」「明確なコミュニケーション、情熱、マスター性、主権、親密さ、トランスパーソナルな立場のとり方、正直さ、愛……を注入してください」

アパートや団地で近所にうるさくて喧嘩の絶えない、古い現実の映像にしがみついている人々が住んでいるときには、

「憎しみ、暴力、アストラル界のエンティティ、敵対パターン、欠乏、苦難、希望のなさ、ストレス、他人のカルマ、無思慮、恐怖……をはじき飛ばしてください」「調和、神聖なる供給、平和、明晰さ、

やさしさ、尊厳……を注入してください」

またあなた自身が深刻な変異と浄化の真っ最中という場合は、「濃密さ、古い現実の映像、苦労、抵抗、疲れ、時代遅れの遺伝的な符号……をはじき飛ばしてください」「平和、希望、スピリットとのつながり、ゆだねること、グレースのエロヒムと純粋のエロヒム、どんなものでも私にとって必要なもの……を注入してください」

デストロイヤー・フォース・エンジェルたちにグリッドを両方向に回転させるのを続けるように頼んでください。グリッドは、あなたが止めるように求めるまで回転しつづけます。これはあなたが取り除いていくものが、あなたと身のまわりの環境に蓄積しないようにするのに役立ちます。

あなたの車のグリッド

平行現実の融合からくる感覚の失調や、変異にともなう違和感は、とくに車を運転しているときに増幅されるようです。しばしば自分がいったいどこにいるのか、どこへ行くつもりなのかもわからなくなったりします。これが危険なことは明白です。自分の車にグリッドをつくり、家を離れるたびにそれを更新することをおすすめします。多くの人がクォーツクリスタルをミラーにつるして、クリスタル中にグリッドを注入すると効果があることを発見しています。それはグリッドを更新するのを思い出させてくれる役割があります。単にあなたの手でクリスタルを包みこんで、「グリッド更新」と言うだけでいいのです。

何を依頼するかの提案をいくつかここにあげておきましょう。

車のまわりに球形グリッドを設定し、デストロイヤー・フォース・エンジェルたちにこのように頼んでください。

「ぼんやり、方角の混乱、フラストレーション、平行現実の浸出、占星学上の不利な影響、他人のカルマ……をはじき飛ばしてください」「明晰さ、禅のような静謐、卓越したメカニック・ワーク、安定した現実のバブル……を注入してください」

また大天使ミカエルの部隊に、目的地までの牽引ビームを出してもらうよう依頼することもできます。まちがっても「不可視性」を注入しないようにしてください！　人があなたの車にぶつかってきてしまいます。

あなたの仕事場のグリッド

トリプル・グリッドは、人をあやつるためには使用できないことを強調しておきます。これはあなたの環境に特定のエネルギーが侵入するのを防ぎ、ほかのエネルギーを入りやすくするように設置するものです。もしも自分のスピリットの意志にそむいて生きたいという人がいるのであれば、そうすることも可能です。ただ、こういう人たちは少し余計にがんばらなくてはならないというだけです。あなたはより高い可能性のためのスペースをつくろうとしているのです。

あなたの仕事場で、

「競争、エゴ、他人の操作、自己操作、隠ぺい、敵対パターン、コミュニケーションの不和、屈辱、過激な個人主義、アストラル界のエンティティ、困難、フラストレーション、不満足、恐怖、欠乏、偽り、恨み、古くさいテレパシー的イメージ、せっかちさ……をはじき飛ばしてください」「正直さ、完全性、ヴィジョン、満足感、マスター性、主権、忍耐強さ、チャクラ融合、楽しさ、調和、ユーモア……を注入してください」

トリプル・グリッドはあなたが実際にその場にいなくても設置できます。あなたがそこへ行くよりも前に、デパートや法廷、地元のマーケットや郵便局のまわりなどで試してみましょう。国会、ホワイトハウス、ペンタゴン、または国税庁などに設置して維持してみるのも楽しいかもしれませんね。覚えておいてください、他人をあやつるためには使えないということを。それはただ単に特定のエネルギーを入りやすくしたり、入りにくくしたりするものなのです。

これはとても融通のきくテクニックです。ここには日常的な使用法をあげておきました。球状の幾何学形はとても安定していて、維持しやすいものです。そのなかで生活するということは、地上の天国に生きることをより容易にしてくれるでしょう。

目覚めをもたらす「誓いの破棄」

アイン・ソフ評議会は、変異にともなう浄化をスピードアップさせるために「誓いの破棄」を提供してくれました。これはすべてのエーテル性クリスタルを取り除きます。あなたの友人たちにも教えてあげてください。

目覚めをもたらす「誓いの破棄」

私はいま、いかなるものであろうとも、かつて私が無意識の幻影を体験するために交わしたすべての誓いを撤回します。私の遺伝的一族で光を宿すものとして、私はこれらの誓いを自分自身のために、そしてすべての祖先のために破棄します。

私はこれらの誓いが無価値で無効であることを宣言します。今回の人生、そしてあらゆる時間と空間におけるすべての転生、すべての平行現実と平行宇宙、代替現実、代替宇宙、全惑星系と全根源体系、すべての次元にわたり、および「無」において、それらは無価値で無効です。

私のいっさいのクリスタル、装置、思考形態、感情、マトリックス、ヴェール、細胞の記憶、現実の映像、遺伝的制約、そして死を放棄するように要請します。いま！

「グレース」の原理と「勝利」の名によって！

「勝利」の名によって、「勝利」の名によって！

スピリットの意志により、私が目覚めますように。
スピリットの意志により、私たちは目覚めます!

はじめに「われはわれたるもの」。

ブレッシート、アヘィア・アッシャー・アヘィア*!

*アヘィア・アッシャー・アヘィア　「われはわれたるもの」という意味のヘブライ語。英語では"I AM THAT I AM"と表現され、「われありてあるもの」などとも訳される。

助けて! 私は変異《ミューテーション》している……

あなたには何ができるか?

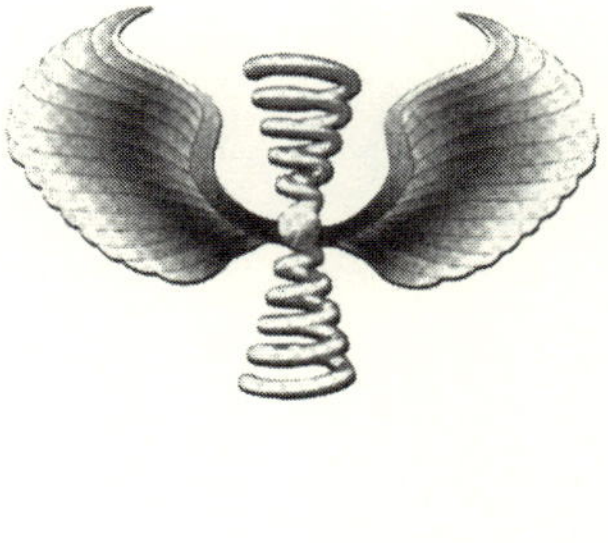

この本に記されている方法とプロセスはすべて、スピリチュアルな「光」の統合のためのものです。これは医学的なアドバイスではありませんので、もしここにあげられているような症状があれば、かかりつけの医師にも相談しましょう。

これらの症状のいくつかはエーテル的な施術者に対処してもらう必要がありますが、たいていのことは自分自身でなんとかできます。みなさんの希望により、それぞれの症状にふさわしいエンジェリック・アウトリーチの「ポーション」（高次元の存在が特定のエネルギーを注入し、その波動を保持させた水溶液）もかっこ内に付記しました。「マグニフィセンス」のポーションはたいていの人の役に立つでしょう（各ポーションの説明はこの章の最後にまとめてあります）。

どんな変異《ミューテーション》症状においても、まず最初に次の四つの項目を試してみてください。

① 「チャクラ融合」とともにオメガ・チャクラをグラウンディングさせ、「光への祈り」を行なう。

② スピリチュアルな清浄さを維持する。

③ エンティティの解放。

④ トリプル・グリッドを行なう。

これらのやり方は、どれも「ツール」の章に出ています。もし、これらの方法が役に立たなかった場合は、あなたのスピリットや多次元的な友人に援助を求めてください。あなたからの依頼がなければ、私たちは手助けできないのです。

頭痛

これは二番目に多い、変異における身体的症状です。タイプ別に分けて解説しましょう。

●頭部、首、肩の長期にわたる鋭い痛み

おそらくエーテル性クリスタルが原因です。取り除きましょう！　こうしたテクニックのトレーニングを積んだエーテル的な施術者にコンタクトしてください。

●頭蓋拡張

もし頭蓋骨にコブやしこりができたり、圧迫を感じる場合は、たぶんあなたの脳が成長しているのです。自分の両手で頭蓋骨板を引き離すようにして広げてみてください。たいていはこれで大丈夫なはずですが、もしまだ駄目なら、だれかクラニオセイクラル・ボディワーク（頭頂骨‐仙骨療法）の施術者をさがしましょう。

●眉間の部分に圧迫を感じる

まるでだれかがあなたの眉間に、指を押しつけているかのように感じるというものです。これには、そのままを行なうのが解決法です。その場所に指を何秒間か押しあててみてください。たいていすぐによくなります。これは松果体が成長していることが原因です。この方法は後頭部上方(脳下垂体の成長)の圧迫感や、頭頂部分から少し後ろにずれた場所（第四の眼）の圧迫感にも使えます。

●頭蓋骨の根もとのひどい頭痛

これは私たちが「建築途上の頭痛」と呼んでいるものです。多くの人が激痛を感じたとき、肉体と各エネルギー体を縮めるように条件づけられています。このケースでは、そうすると痛みが劇的に跳ね上がってしまいます。両手をそれぞれの耳にあててください。そして、あなたが体から手を離しながら頭のまわりのエネルギー体を押しのけているところをイメージしてください。ばかばかしく聞こえますが、しばしばよく効きます。

●何をしても効かない、変異にともなうひどい頭痛

① このワークを指示している五次元か六次元の「あなた」に、いまなされていることは痛いと報告してください。ライトボディ中の「あなた」は肉体の痛みを感じられないので、自分自身にやめて

くれるように言いましょう。

②「エンドルフィンを放出してください！」と言います。これは天然の脳内麻薬です。たいていはすぐに放出されるのを感じ、その後痛みが和らぐでしょう。

③ダイオプテース〔翠銅鉱〕を購入しましょう。この鉱石は、基質に暗緑色のクリスタルを含んでいます。私たちはこれがとてもよく効くことを発見しました。

（変異にともなうすべての頭痛によいポーションは、ミスティカル・アーティキュレーションとデヴァイン・エクスプレッションで、変異による頭痛にとても早く効き、かなり楽にしてくれます）

頭痛以外の身体的症状

●インフルエンザ様の症状

これは密度がぬけ落ちていくときに、もっとも多く見られる症状です。あなたが変異させないかできないかしていると、とにかくどんな形であれ出てくることになってしまうのです。（マグニフィセンス、サブアトミック・トニック、ユニバーサル・ディトックス）

●気持ちが悪い、嘔吐

体内に恐怖をいっぱい詰め込んでいる人たちに、これが起こりやすいようです。あなたが恐怖を解き放っているあいだ、体内には大量の粘液が存在しています。「水への祈り」を食べ物と飲み物にささげるようにしてください。もしそれが役に立たなかった場合は、自分に嘔吐させてあげてください。すぐに気分がよくなるのを感じるでしょう。また、あなたのエネルギー体が速く回転しすぎていることが気持ち悪さの原因かもしれません。乗り物酔いみたいなものです。手を差し出して、あなた自身の各エネルギー体に回転をゆるめるように言ってください。ゆっくりになります。意識的に回転を遅くさせましょう。もしあなたが人類の遺伝的意識の何かを浄化している場合は、とても気持ちが悪くなりやすく、エネルギーを嘔吐しているのに気づくでしょう（遺伝的性質を浄化しているときには「パスカッター」のポーションが役に立ちます）。これはよくあることです。胸骨には換気口があって、そこに重圧感を感じるかもしれません。その部分がカメラのレンズのようにパッと開くのをイメージして、体からエネルギーのスプレーが放射されていると想像してください。これはとてもよく効くようです。頭痛にも同様です。首の後ろの中央あたりに、もうひとつこのような換気口があります。もしも頭の内部にものすごく圧力がかかっているようなときは、ここをカメラのレンズのように開くと、火事の際の消火栓のようにこれが引き金となって、しばしば首と肩から圧迫感を解き放ってくれます。

●下痢

強烈な激怒をたくさん蓄積している人がよく下痢をすることに私たちは気づきました。ここでも再び「水への祈り」を実行するようにしてください。「光」をどんどんエネルギー体に取り込むたびに下痢をしてしまう人もいるので、これはもう慣れていくしかないかもしれません。

●筋肉痛と関節痛

これが出現する人はたいてい、たくさんの蓄積された「抵抗」をもっています。「ウォーク・イン」か、強度のディセンションのあとにもよく現われます。細胞レベルでの抵抗反応という可能性があります。ときどきリューマチのように見えたりします。フィッシュオイルカプセル（オメガ3）をとり入れるのもいいでしょう。肉体に潤滑油を注ぐ役目をしてくれるようです。また、「光」の海に浮かんで頭をビーチのほうに向けて横たわっているのをイメージしてみてください。波があなたにかかるたび、体のなかに「光」が入ってきます。そして波が引くごとに抵抗を引き出し、押し流すのです。（サレンダー、ユニヴァーサル・ディトックス、エクスタシー）

●熱と汗

他のインフルエンザ様症状をともなわずに、これらの症状が現われる人々がたくさんいるようです。

ときにはかなりの高熱が出ます。肌がとても赤くなるかもしれません。しばしば人のエネルギー体は、肉体の許容量を超えた波動レベルをもっています。これには二つの対処の仕方があります。

① あなたのエネルギーフィールドの回転をゆるめて波動レベルを下げるか、またはエネルギーが重たくなっているのをイメージする。

② あえて熱を上げるようにすることで、あなたの肉体の波動を引き上げる。

どちらの方法を使用しても、状態が戻るときには「カチッ」と何かがかみあう感じがして、熱はすぐに下がるはずです。たいていの人は体の熱を上げるようにするほうが、体温を下げようとするよりも簡単でやりやすいようです。

●疲労

これにはたくさんの原因があります。眠っているあいだに自分のしたことを見直していたり、たくさんの仕事をしているのかもしれません。このような場合は、エネルギーの低下に敬意を払って休むようにしましょう。また、もしその状態が続くようなときには、あなたのスピリットに一晩お休みをくれるように依頼しましょう。あなたの肉体がたくさんのことを解放しているかどうかに注意してください。肉体の密度を落とすために肉体的な解毒を行なうことが必要なのかもしれません。（ユニヴァーサル・ディトックス、ファイア・オブ・パーパス）

その他の諸症状

●瞑想中や覚醒のさいに振動を感じる

これはライトボディのプロセスにともなう自然な現象ですが、わかっていてもこれが起きると緊張するものです。単に波動が上がってきているということです。リラックスしてそれを楽しんでしまいましょう。

●胸骨の中心が痛む

これはたいていハート・チャクラが新しいレベルへと開いていくときに現われます。大きく息をして、「グレース」のシルバー光線をハート内に呼び込みましょう。自分でも意識的にハート・チャクラが開くのをイメージします。痛みがなくなるまで、どんどん呼吸を深めてチャクラを開きつづけていってください。ハート・チャクラは多次元へのゲートなのです。ただしこのゲートがちょっとさびついているかもしれないので、開くのに潤滑油が必要なことがあります。（アラインメント、エクスタシー、ラブ・ポーションNo.９）

●背中の下方の痛み、腰痛

もしあなたがライトボディの第八または第九レベルにあるか、ウォーク・インであれば、七次元の神聖さへの門が開きの限界に達していて、それゆえ痛みを感じていることもあります。エーテル的な施術者にみてもらいましょう。（E3、サブアトミック・トニック、エクスタシー、ヘブンリー・ボディ）

●腕や手がぴりぴりしたり、しびれる

これはときには四か月ほど続く場合もあります。ライトボディにエーテル的なヒーリング能力や外科的処置能力の構造が設置されているときにしばしば出る症状です。普通はエーテル的な施術をみずからの「聖なる目的」の一部としているライトワーカーにのみ起きます。ライトボディ第八レベルでは、神経系組織がより多くのライトボディのインパルスを受け入れるよう要求されるために、たくさんの神経系の変異が見られます。もしもあなたが手や足を使っている最中にしびれが生じた場合は、すぐに脳の調整をしましょう。松果体は自律神経系の音色と電磁波を調整する電気的パルスを発しているだけでなく、肉体すべてのいろいろなリズムをつかさどる脳脊髄液のパルスにも関わっています。もし松果体から頭蓋骨の根もと、さらに背骨に伝えられているパルスが何らかの理由で途中で止まってしまった場合は、神経系に問題が生じて自己統制力さえ失いかねません。眠りにつこうとするときに、足全体の深い痙攣を体験するかもしれません。神経鞘が後ろに押されるような感じがします。これはとても不快に感

じることもあるでしょう。

自分の指を眉間におくと、アジナ・センターという場所が圧迫されます。そこは脳内の松果体につながっています。もう一方の手の指で、頭蓋骨の根もとの中央を押してください。そして脳の中心に意識を集中させましょう。もしあなたがこうしたの神経系の問題を抱えている場合、脳の中心から脳幹にむかって、まるで雷や電気の閃光のような「光」の帯が伸びているのに気がつくでしょう。この帯をイメージしながら、そこにむかって呼吸をしていき、やがて帯が鉛筆ぐらいの太さの青白いレーザー光線のようになるまで、しだいにゆっくりと呼吸していってください。いったんこれを行なうと、あなたは「光」のパルスを放射しはじめます。あなたのスピリットが必要なリズムに調節してくれるようになり、肉体と神経系全体がリラックスしてくるのを感じるでしょう。あなた自身が完全にリラックスしたのを感じるまで続けてください。約一分ほどかかります。（E3、サービス・ワン・オン・ワン、ミスティカル・アーティキュレーション、マカバ、アダム・カドモン）

●食生活の変化

自分がずいぶん奇妙な食べ物の組み合わせにひかれているのに気づくこともあるでしょう。あなたの肉体は以前とは異なった比率で、さまざまなものを栄養補給しなければならなくなっているかもしれません。細胞レベルで変異が起きていることを覚えておいてください。そう、ダイエットのルール本は捨て去りましょう。もうひとつよくあるのは、何をどれだけ食べてもおなかが空いていたり、満腹にならないという経験です。あなたの肉体は、栄養源として「光」を必要としはじめているのです。

まず、あなたが飲んだり食べたりするものすべてに「水への祈り」をささげましょう。次に、「ツールのところで説明した「光を吸収するテクニック」をおこなってください。手のひらを太陽にむけて差し出し、両手の指で三角形をつくり、エネルギー的なプリズムをつくって可視スペクトルの背後にある「光」を呼び込みます（ヘブンリー・ボディ、エクスタシー、ヨッド）

●感覚と知覚の変化

あなたがライトボディのプロセスを進めば進むほど、あなたがどんなふうにまわりを体験するのかも変化していきます。感覚がとぎすまされ、その背後に存在していたサイキックな才能が開花するようになるのです。また、あなたの多次元的な知覚も開きはじめます。

以下、よく見られる症状をあげておきましょう。

感覚的な過剰入力

ときおり特定の、あるいはすべての肉体的感覚が突如として拡大されることがあります。もしそれがあなたの邪魔になるようなら、あるひとつの感覚に集中して、それをどんどん広げ、ほかの感覚はすべておだやかにシャットアウトするようにしてみましょう。こうすることによって、たいていは感覚的なバランスを取り戻すことができます。（デヴァイン・エクスプレッション、マグニフィセンス、聖霊のギフト、マジカル・ヴィジョン）

グラウンディングできない、ぼうっとする

多次元的にグラウンディングしてください。また、足に充分な注意を向けることも役に立ちます。あなたの足の下にあるものはどんな質感や材質なのかを感じるようにしてみてください。これによって、あなたは体内にしっかりといられるようになるでしょう。（ファイア・オブ・パーパス、Ｅ３）

一定の不安感が続く、くらくらする、ぎこちなくなる

脳が複数の平行現実にまたがる知覚を開きはじめています。また体は、ひょっとしたら同時にひとつ以上の現実に存在できるのではないかと感じはじめています。もし足に注意を向けるのが役に立たなければ、背骨の下端から二十センチほど下にあるオメガ・チャクラから、グラウンディングのためのコードを背骨にそって上昇させ、みずからのスピリットの広大さにグラウンディングするようにしてください。そしてあなたのオメガ・チャクラから足もとにむけて七〜十二本の「光」のラインを円錐状に放ってください。これは地球のホログラム中の全平行現実を通して自分を安定させてくれます。あなたの肉体にとって、複数の平行現実にわたる理解を開くことは、現実に地震が起きているようなものなのです。あなた自身を戸口に置き、ドアの柱にしっかりつかまってください。体の本能的な反応はたいていすぐに鎮まります。最悪の状態でも、たいていはこれが助けになるでしょう。（セレニティ、マスタリー、プラネタリー・サービス、聖母、デヴァイン・エクスプレッション）

物体が別の場所に現われたり、溶けたり、ゆらいだりする

これは多次元的な視覚に移行するときに、よく見られる知覚現象です。あらゆるものの原子の動き、平行現実、部屋のなかのエネルギーの流れなどといった感覚があなたに生まれてくるかもしれないし、遠くを見る透視力が生じるかもしれません。こうした状態が不安に感じられるときは、あなたの肉体はこの三次元の平行現実の「いま」に存在しているのだということを思い出させてあげてください。それによって自分の意識を中心に戻すことができます。視覚を除くすべての肉体的感覚をただ広げることで、体はあなたを完全にいつもの現実へと連れ戻してくれます。また、前にあげたように、足に意識を集中するのもとても役に立ちます。（ミスティカル・アーティキュレーション、サブアトミック・トニック、マジカル・ヴィジョン、ラブ・ポーションNo.9）

視界がぼやける

深い瞑想のあとで目を開けると、ときどき部屋に霞がかかっているように見えたりします。何も見えなくなってしまったという人にも、私たちは会ったことがあります。これは人が肉眼的な視覚と、透視的あるいは多次元的な視覚の中間にいることを意味しています。あなたの視覚はここでもなく、あちらでもないといった状態にあるのです。これを調整するには、あくびをしてみてください。あくびは異なったエネルギー波動を通してあなたのエネルギー体と意識をシフトさせるやり方のひとつです。意識的にあくびをすることで、知覚レベルをシフトさせられるのです。目を閉じてあくびをしながら、自分の視覚を三次元に保ち、ここに戻ってくるという意志をもつようにしてください。または目を閉じてあくびをしながら、別のサイキック・レベルあるいは別の次元へ視覚を移行させるという意志をもってください。

あなたの視神経は、いままでに経験したことがないほど大量のインパルスを受けとめるように要求されています。目がかすむのは、とくにライトボディ第八レベルでよく現われます。もしどんな距離にもすっきり焦点が合わないときは、眼鏡を作らないことをおすすめします。たいていは何週間かするうちに、すぐまた合わなくなってしまうからです。あなたの肉眼的な視力は、精神体の視力と深く関連しあっているのです。新しい知覚が脳とスピリット体に入ってきて精神体が優勢でなくなるにつれて、肉眼的な視力が低下するというのはとても自然なことなのです。視力はまた回復します。二〜三か月かかるかもしれませんが、たいていはもとに戻ります。(ミスティカル・アーティキュレーション、サブアトミック・トニック、マジカル・ヴィジョン、ラブ・ポーションNo.9)

聴覚的失読症《オーディオ・ディスレクシア》

ライトボディ第八レベルではよくあることです。だれかが話しているのを聞こうとすると、言葉は聞こえるのに脳にはまるで意味が伝わってこないことを、「聴覚的失読症《オーディオ・ディスレクシア》」といいます。あなたの脳の機能はより非直線的になってきているのです。非直線的思考から直線的思考へと翻訳する機能はまだオンラインになっていないのかもしれません。いくつかのライトボディレベルで、人がなんとなく外国語を話しているような気がするけれど、でも実際はそうでないことはわかる、といった体験をした人たちがいます。これはぞっとすることかもしれません。というのもあなたの精神体が、頭がへんになったのではないかという恐怖やパニック・シグナルを発する可能性があるからです。あなたは他人のエネルギーに対して、とても敏感になってきているのです。この惑星の上でたいていの人が話すことは、エネルギー的に語っていることとかけ離れています。ほとんどの人は自分が嘘をついているとか偽っているなどということは知りません。あなたは他人のエネルギーに対してとても敏感になってきていて、もはや人々の偽りの言葉は解読できなくなっているのです。聴覚的失読症は宇宙的精神の翻訳機能と、自分自身や他人の真実を感じとる力が育つまでの短期間の状態です。深く呼吸して、笑って、さらなる指示がくるのを待ちましょう。（ミスティカル・アーティキュレーション、トランスパーソナル・トランスフォーメーション）

ピーッという音、音色、音楽、または電気的なモールス信号が聞こえる

それは耳鳴りかもしれないし、あるいは高次の「光」が伝わってきているのかもしれません。リラックスして、やってくるシグナルをただ受けとめましょう。理解しようとしなくて大丈夫です。翻訳機能はあとからついてきます。（ミスティカル・アーティキュレーション、サレンダー、ヨッド、聖霊のギフト）

●記憶を失う

これはライトボディの自然な過程です。「いま」に生きるようになるにつれ、過去に照らし合わせる能力を失っていきます。これによってカルマ的なパターンや関係性、あるいは単に朝食に何を食べたかさえ、思い出せなくなるかもしれません。もしかしたら自分はアルツハイマー症のかかりはじめなのではないか、というひそかな恐怖を抱えている人々が大勢います。実際にこの病気である人はごく少数で、大半の人は単により「現在」に生きているだけなのです。この過去の照合からの切り離しによって、素晴らしい自由さを手にすることが可能になります。過去への思いにしがみつくことは、変化への恐怖を宿しています。あなた自身のエネルギーがどれほど過去や追憶の保存と、「こうだったかもしれない」と考えつづけることに、またはいつものやり方にしがみつくことに使われているかに気づいてください。また、ある人々は未来について考えることに難しさを感じています。これも不安なものです。なぜなら約束を忘れてしまったりするかもしれないからです。

古い世界では、過去に住み、未来を計画し、ストップウォッチまたは時計に頼らなければ生活は成り立ちませんでした。しかし現われつつある新しい世界では、人々はみずからのスピリットによって生き、「現在」のなかに喜びを見出します。あなたが完全に「いま」という瞬間に生きるとき、あなたは文字通り「世界に属するのでなく、世界のなかにいる」ようになります。あなたは違う世界に生きるのです。（アラインメント、ミスティカル・アーティキュレーション、サレンダー、エンジェリック・アウトリーチ／アルファ－オメガ、パラダイム・シフト、ヨッド）

●スピリチュアルな意義づけ、スピリチュアルな野心、スピリチュアルな躁鬱症

これらはだれもがライトボディプロセスのどこかで通過することです。通常は第七・第八・第九レベルで起こります。そこでは自分の罪悪感や恥、生存パターン、肉体にたくわえられた分離の感情などを否定しようとして、あるいは逃げ出そうとして、そこから物事を実現化させます。「スピリチュアルな意義づけ」と「スピリチュアルな野心」はエゴの自己防衛であり、しかも残念ながらめったに当人はそ

れに気づいていないか、または認めないのです。（マスタリー、トランスパーソナル・トランスフォーメーション、アラインメント、プラネタリー・サービス、クォンタム・ウェルス、サレンダー、マジカル・ヴィジョン、聖母、ラブ・ポーションNo.9）

●電球がとぶ、電化製品に雑音が生じる

ライトボディプロセスのあちこちで、あなたはすさまじいほどの量の電球を買い込むことになるかもしれません。あなたがそばにいるときに電球が切れたり、点滅したりするのに気づくでしょう。あなたがテレビの脇を通ると画面にゴーストや雨降り現象が起こったり、ときにはただ同じ部屋にいるだけでそうなることもあります。スピーカーはあなたが近くに寄ると雑音を発したりします。こうした小さなトラブルは、あなたの電磁的な体であるオーラの変化が原因です。ライトボディのプロセスではこの電磁的な体が大きく広げられるときが何回かあります。残念ながら私たちの知るかぎり、あなたのエネルギーをそれらの製品に調和させるようにするほか手だてはありません。電化製品をオフにした状態で、あなたのエネルギーフィールドを電化製品に融合させてください。電磁波に関するトラブルというのはごく当たり前のことなのです。あなたはかつてなかったほど電磁波に敏感になってきているのです。レーダーを感じるかもしれないし、電磁波を察知するかもしれません。テレビから何かが出ているのを感じるかもしれません。あなたのエネルギーをそれらに融け合わせるようにしてみてください。（E3、サブアトミック・トニック、アダム・カドモン、ヨッド）

エンジェリック・アウトリーチのポーションについて

「あのエネルギー、あの存在、あの性質、あの能力がボトルになっていればなあ！」とライトワーカーの人たちが叫んでいるのを私たちはよく耳にしました。そこでその通りにすることにしました。私たちはみなさんの希望に耳を傾け、現在および、最近起こった未来（これは大天使アリエルが非直線的時間を表現するときによく使う言葉です）に強い影響を及ぼす惑星のエネルギーに目を向けて、あなたの助けになる「ポーション」をつくったのです。

過去においてはこうしたポーション〔水溶液〕のなかに、宝石や花、たぐいまれな気体、星の光などのエリクシル〔霊薬〕やエッセンスなどが特定の比率で配合されていました。私たちはひとつひとつのポーションに、それにふさわしい高次元の性質を注入したのです。これらの目的は、おもに高次元波動の肉体への衝撃を和らげ、落ちつかせるということです。

一九九四年五月三十日、劇的なシフトが惑星地球の「聖なる計画」に起こりました。アセンションの時期が早められ、この変化によって私たちは純粋な波動をそのままポーションにとり入れることが適切だと感じたのです。もはやエッセンスやエリクシルによってエネルギーの橋渡しをしたり、和らげたりする必要はなくなりました。あなたの体は、いまや高次元の波動をじかに吸収する準備ができています。

エンジェリック・アウトリーチのポーションは、アイン・ソフ評議会のさまざまなメンバーによって純粋なエネルギー波動がインフューズ（注入）されるように考えられたものです。アイン・ソフ評議会はベースとなる「マザー・ジャー」のなかの蒸留水に、強力なトーナル・ワーク〔音によるヒーリング法〕の数々によってさまざまな高次元の波動を注入し、それが水に保持されるように固定させます。評議会はまた、これらの波動を守護し、原液と各ポーション・ボトルの純粋さを保ちます。ですから、これらのポーションが地球上のどこに存在していようと、評議会は一本一本すべてを認識しています。ときおり、評議会がこれらのポーションの波動を「グレードアップ」することがあります。そのときには存在しているすべてのポーションの波動が上げられるので、どれほど長い期間ポーションをもっていたとしても、常に最適な強度に保たれるようになっています。

ポーションは普通、その人のスピリットからの指示による量を用いますが、とてもクリエイティブな使い方をしている人もいます（たとえば目に、灌水として、お風呂のお湯に、またはアロマテラピーに、あるいは卓上噴水に落としたりなど）。すべてのポーションは一オンスのピペット付きボトルに入っています。

これらの使用によって、内用でも外用でも、そのエネルギー波動があなたの体に容易に吸収されます。ポーションはアイン・ソフ評議会によって、惑星地球のアセンションと、地球に棲むもののライトボディへの変異に奉仕するために創造されたものです。

根源に奉仕する根源からの者

アイン・ソフ評議会〈クルー〉アリエル・エロヒム

エンジェリック・アウトリーチ・ポーション

【注意】ここに記載されているポーションはすべてスピリチュアルな使用のみのためのものです。これらは医薬品ではありませんので、医薬品としての使用はできません。

＊アダム・カドモン Adam Kadmon

内分泌系、神経系、循環器系および磁性体を、惑星地球および宇宙のパルスと波動に合わせて修正し、アダム・カドモンの青写真（設計図）を肉体に統合させるようにはたらきます。アダム・カドモンは各エネルギー体のエーテル性青写真に「聖なる青写真」を重ねることで、すべてのエネルギー体が光へ変換するように助けます。これはいろいろなボディワークの直前に使用するといいでしょう。それぞれのエネルギー体のなかに、潜在的な聖なる構造を具現化するように促してくれます。マカバのワークに用いても最適のポーションです。マーリン、大天使ウリエル、アル・キリ、精霊王国、それにゼ・オール・グループのゼ・エートゥ、ゼ・アマ、そしてゼ・エーザーによりインフューズされました。

＊アラインメント Alignment（調整）

このポーションはあなたのあらゆる部分を、「一なるもの」の蓋然性、スピリット、地球、人類と連携させて調整するためのものです。これにはポラリア、「勝利」のエロヒム、「調和」のエロヒムがエネルギーを注入しています。

＊エンジェリック・アウトリーチ／アルファ‐オメガ Angelic Outreach/Alpha-Omega

これは、ホログラフィックなアクセスを可能にするためのものです。あなたがホログラフィックな再構築の指令符号にアクセスできるように助けます。シフトのパターンやシフトしつつある構造を、ホログラフィックな惑星規模でサポートするポーションです。三次元、四次元、五次元のプログラムを統合させるのに役立つでしょう。このポーションはアイン・ソフ、人類の集合声、シェヒーナ、ガイアによってインフューズされました。

＊コ・クリエーション Co-Creation（共同創造）

以前の「グループ・シナジー」のポーションがより洗練されたものです。進化性であるグループ・シナジーのエネルギーをも有しながら、もっと高次の波動でできており、さらに他者とワークするなかで起こる諸問題を鎮静化させてくれる作用があります。最高の生産力を生み出して超高速のお楽しみが得られるように、それぞれのエネルギー体が個を離れた立場で全体的な効果を得られる方向へと促します。地上での天国の共同創造を助けてくれます。これをインフューズしたのはキリスト意識です。

＊デヴァイン・エクスプレッション Divine Expression（聖なる表現）

このポーションはあなたのすべての部分を、スピリットの創造性と表現、なかでも調和された音色に対して開いていくことを助けてくれます。あらゆる種類の心配や恐怖を楽にするのに、これがとても役立つことを発見している人々もいます。コズミック・ジョークにも大いに役立ってくれます。コロニスがボトルに入れました。

＊聖母 Divine Mother

神聖さの女性的な波動にアクセスするのを助けます。体が滋養を受け入れられるようにしてくれます。心地よさ、慈悲、養育のエネルギーをもたらします。これは「聖母庁」を代表するイシス、聖母マリア、クァン・イン（観音）、クルザーニ、ターマーによって注入されています。「コズミック・ホームシック」にも効きます。とてもまろやかで優しいポーションです。

＊エクスタシー Ecstasy（至福の喜び）

すべてのエネルギー体が「聖なるエクスタシー」にむけて開くように、その受容力を高めます。五次元・六次元・七次元の構造を完全に連動させ、三者の極性すべてを一体化させて、クンダリーニの覚醒を助けます。このポーションを注入したのは複数のメンバーで、イシス、オシリス、ポラリア、ラプチャーのエロヒム、「グレース」のエロヒムです。

＊E3 Essential Evolutionary Encodements（本質的な進化の符号）

このポーションは、DNAのなかにある複数の種や複数宇宙の符号を統合させるように促します。これらの遺伝的な符号はすでに活性化されており、複合宇宙的な方向に開かれて具現化しはじめています。E3は地球外生命の視野と、人間らしさへの方向性を統合するよう助けるのです（さらにより大きな尺度では、惑星地球での生活のためにこのホログラムに入りこむことも含みます）。あなたの精神体がスピリットについていくことを容易にし、その閉鎖性システムを開放して、より広大な感覚をあなたのアイデンティティに統合します。宇宙のなかで互いにつながりあっているという感覚を育み、「愛の宇宙」の内であれ外であれ、ほかのアセンション中の惑星にいる種のなかに自分自身を見出すのです。これは人類の文化の流れを超越したところで、本質的に何が「あなた」であるのかを認識させてくれます。人間中心主義と異邦人恐怖症を和らげ、新たな脳の機能や、非人類的な視野と技術にアクセスできるようにします。あなたは複数の宇宙システム、複数の惑星、複数の種のタイプの調整地点となり、人間という形を通してあなた本来の本質的な天性を具現化させるのです。これはアイン・ソフ評議会全体によって注入されました。

＊エクサルテーション Exultation（大歓喜）

このポーションは、あなたの聖なる知覚力と能力、そしてライトボディ第十レベルの特徴である子供のような驚きを具現化するように助けてくれます。一九九五年の位置づけチームと変換チームの統合により、変換チームはまだ実際の第十レベルの具現化を見せてはいません。いま、位置づけチームは第九レベルにあるので、この具現化が始まることはきわめて重要なのです。このポーションには、集合的変異によるショックやトラウマへの過敏さを和らげて、第九レベルのライトボディに共鳴させる波動が封入されています。聖霊およびあがない主としての愛の炎、ヨッドのスペクトル、アダム・カドモンの青写真とともにインフューズされており、さらにまた、あなたに神聖さを宿らせ、聖なる知覚力と細胞中にゆきわたらせる能力をも統合するゼ・オールの電磁的な再構築が含まれています。このポーションは救世主（キリスト）庁、シェヒーナ（聖なる母）、ＹＨＶＨ（聖なる父）、そしてゼ・オールとタク・グループによって注入されました。

＊ファイア・オブ・パーパス Fire of Purpose（目的の炎）

明晰さ、照準、喜びをもって、あなたの一部である「聖なる計画」に触れさせ、具現化させるためのものです。これは変異による疲れからくるトラブルに大いに役立ちます。アル・キリがボトルに入れています。

＊聖霊のギフト Gifts of the Holy Spirit

あなたのエネルギー体に聖霊のギフトを受けとる準備をさせてくれます。オーバーソウルのキリストレベルにアクセスして、ここ地上で実現化するように助けます。この波動は「われあり（アイ・アム）」とつながる架け橋として機能します。聖霊シェヒーナによって注入されました。

＊ヘブンリー・ボディ Heavenly Body（天国の体）

あなたの完璧なる体というビジョンを肉体にもたらす助けになるよう、考案されました。ヘブンリー・ボディはより健康な肉体に再生させたい人や、体型や体重を変化させたり、体に新たな動きや技術、優雅さなどをとり入れたい人に役立ちます。ヘブンリー・ボディは、あなたの肉体をまさにそうした形や動きにとどめているものが何なのかにすぐさま目を向けさせ、あなたの思考を形に表わすのを手伝ってくれます。ダンサー、武術家、シェープ・シフター、スポーツマンといった人々には最適でしょう。ゼ・オール・グループのゼ・エートゥ、ゼ・アマ、ゼ・エーザーによって注入されました。

＊ラブ・ポーションNo.9 Love Potion #9

ハート・チャクラをより深いレベルまで開くのに役立ちます。ハート・チャクラのよろいを溶かしてしまうので、胸部と背中上部の痛みをかなり和らげてくれます。無条件の愛を体験して表現する受容力を広げます。ミカエル・エロヒムと「喜悦《ラプチャー》」のエロヒム、ゴールデン・エンジェルのグループによって注入されました。使い方はあなたの自由です。

＊マジカル・ヴィジョン Magical Visions（魔法の目）

マジカル・チャイルドの視力と視界を開いてくれます。あなたの「現実」をマジック、奇跡、遊びという視界へとすばやく変位させるように助けます。高位アストラル界の美と驚嘆を体験するようにあなたを開いてくれます。妖精やエルフィンの王国は、私たちが四次元にアセンションするのを手伝っているのです。そこで、彼らの代表がこのポーションの注入に手を貸してくれました。アリアンナ、パン、ライトニング・ボルト、スコーム、エル・ヴェロン、マーリン、そして「希望」のエロヒムです。

＊マグニフィセンス Magnificence（荘厳さ）

すべてのエネルギー体を新たな波動に統合するためのものです。これはどんな変異とディセンションの症状も緩和して、体が「光」になる喜びを受け入れられるようにしてくれます。いろいろな療法のさいに、あらかじめこのポーションを「チャクラ融合」とともに用いてみるといいでしょう。しばしばこれが役に立ちます。クァン・インとポラリアがどっさり注ぎ込んでくれました。

＊マスタリー Mastery（マスター性）

これは五次元のアイデンティティとヴィジョンを具現化するためのものです。私たちがいつでもマスターとして生き、地上に天国を共同創造していくというのが、これに関するすべてです。あなたの多次元的なヴィジョンにアクセスして明らかにすることを助けます。アリエル・エロヒムと高次元マスターのセラピスが注入してくれました。

＊マカバ Merkabah

マカバの幾何学形のすべてを開いてバランスをとり、均等に回転させるようにします。あなたがマカバの機能を理解する助けになるでしょう。焦点を合わせ、プラナ呼吸を助けます。スピリットと完全に意識的にコンタクトすることを促します。これには、すべての回転、スピード、統合調整用座標を内包する上級チャクラ融合システムがプログラムされています。メルキゼデク、大天使ミカエル、大天使ウリエル、メタトロンによって注入されました。

＊ミスティカル・アーティキュレーション Mystical Articulation（神秘的結合）

「光の言語」へのアクセスと翻訳のための生体変換装置であり増幅器です。多次元的な視野で意識の心を使えるようにします。とくに瞑想時によく覚えていられなかったり、あまり効果が得られないという人にいいでしょう。また、変異にともなう頭痛を取り除くのにとても役立ち、少量のエンドルフィンが生産されたような効果を現わします。ライトボディ第八レベルでのすべて症状に効果があります。マーリンとメタトロンの処方です。

＊パラダイム・シフト Paradigm Shift

個人におけるホログラフィックな変化を統合することを援助し、肉体を含めたすべてのレベルのエネルギー体で統合するように促してくれます。内的現実と外的現実の間でのやりとりを助けるようにはたらきます。個人的具現化のための定番。あなたが自分自身の、否定、迷い、スピリチュアルな権威への欲求、スピリチュアルな意義づけ、スピリチュアルな野心などといった症状に気づけるように、そしてそれらを緩和するように助けます。精神体のコンセプトから、感じることと具体化することへと焦点を合わせ直してくれます。シェヒーナ存在、キリスト意識、タク・グループによってインフューズされました。

＊パスカッター Pathcutter（近道）

これは細胞レベルの解放をもたらす処方です。感情、濃密さ、生存パターン、肉体の内部や周辺にめぐらされたカルマのマトリックスを楽に表出させて解き放ってくれます。スピリットの指示にもとづいて少しずつ用いるようにしてください。強烈ですが、ずいぶん助けになるでしょう。このポーションは「純粋」のエロヒムと、アル・キリが注入しました。

＊プラネタリー・サービス Planetary Service（地球への奉仕）

このポーションは惑星や惑星グリッド、または大地など、とにかくあらゆる大きなものと一緒に活動するように計画された人々にむけてつくられました。これはあなたのライトボディの線系統が焼けついたりパワーが急増したりするのをくいとめるのに、とくに役立ちます。「光」のワークをより効果的なものにするため、どんなときにも肉体にエネルギーと多次元的な視野をスムーズに取り込めるように助けてくれます。意識をシフトさせる力を伸ばすことによって、「スピリチュアルな意義づけ」を和らげ、「スピリチュアルな野心」をそぎ落とし、人々への慈悲心を保つような元素が含まれるようになるのです。五次元的な方向性と三次元的な実現化のあいだにある認識のずれを緩和します。マーリン、精霊王国、アル・キリ、ウリウス医療チームがこのポーションの注入をしました。

＊クォンタム・ウェルス Quantum Wealth（量子的富）

これはＩＭＦ（Interdimensional Monetary Flow 次元間通貨流通）としても知られています。スピリットがあらゆる資源の供給者であることをあなたの全レベルで統合できるように、この処方が考案されました。あなたが量子的富へと自分をゆだねるのを援助します。ばっちりです！ このポーションはアル・キリ、「勝利」のエロヒム、「信頼」のエロヒムの共同作業によります。

＊セレニティ Serenity（静穏）

このポーションは「平和」のエロヒムと「勝利」のエロヒムの賛助のもとにつくられました。これはあなたがどんな究極的な変化のさなかにあっても（それが個人レベルまたは変異性のものであろうと惑星レベルであろうと）、みずからの中心で静けさのなかにいることを助けるようにつくられています。変容のショックとトラウマを和らげます。セレニティは、ネガティブで破壊的な可能性や恐れに焦点を合わせてしまう癖を切りとってくれます。すべてのなかに「聖なる計画」の完璧さを見出せるように、そして地上の天国をあなたのスピリットが身のまわりに創造してくれているのだというところから生きられるように援助します。

＊サービス・ワン・オン・ワン Service One-on-One（一対一の奉仕）

一対一でワークをする人々のために考案されました。このポーションは体のエネルギーラインに対する強壮剤のように作用します。これによってアクシオトーナル・ラインが開かれ、実際のワークを行なうさいもスムーズな流れが保たれるように促します。あなたがクライアントに接しているとき、どんな波動がやってきても常にあなたの肉体のバランスを保ちながら、クライアントのエネルギーに影響を受けることなく共感し、明快な認識を助けるようにつくられています。分析力やカウンセリングの能力を強化します。これはカルマ的モナド（ヒーラー／癒される人、与える人／与えられる人、救済者／救われる人、グル／弟子など）を楽にする成分を含有しています。あなたがクライアントとトランスパーソナルに交流し、五次元的な視野を維持できるように助けてくれます。大天使ラファエル、クァン・インとアダマ・レックスにより注入されました。

＊サブアトミック・トニック Subatomic Tonic（原子レベル以下での強壮剤）

これはスピリットの新しいオクターブにおける分子的な統合のためのものです。このポーションは聖霊のギフトを実現化するために、テレポーテーション、幻視、瞬間移動などに目覚めて、それらの能力を自分自身に統合できるようにとの願いから生まれました。スピリットの指示のもとに少しずつ使用してください。聖霊シェヒーナによって注入されました。

＊サレンダー Surrender（完全なる受け入れ）

このポーションは、あなたのスピリットにすべてをゆだねることで、目覚めの門をくぐれるように助けてくれます。閉鎖性システムやエゴの防衛メカニズム、否定や抵抗を崩壊させるのに役立ちます。高次元の波動や存在を明確にチャネルするうえで、大きな助けになるポーションです。アイン・ソフ評議会全体によって注入されました。

＊トランセンデンス Transcendence（超越性）

このポーションは、ライトボディの第九レベルの不快感を和らげるように考えられたものです。その波動はあなたを「いま」に存在できるようにし、あなたのハートを開いてすべての意図をダイレクトに自分のスピリットへと向かわせ、さらに「幻想を捨てさせられる」ことに対する疎外感と抵抗を和らげてくれます。このポーションには脳腺のパルスを修正し、ホルモンのバランスを正し、免疫力を高めるというホログラフィックなアクセス符号が含まれています。また、求める者および浄める者としての「愛の炎」がともにインフューズされています。がんばってください！　あなたが通過しているプロセスは神聖なものです。それが終わるとき、あなたは感謝の気持ちでいっぱいになるでしょう。このポーションは「希望」「信仰」「グレース」「純粋」「自由」「平和」「喜悦《ラプチャー》」「勝利」のエロヒムと、タク・グループによってインフューズされました。

＊トランスパーソナル・トランスフォーメーション Transpersonal Transformation（超個人的な変容）

このエリクシルは、肉体および感情体を個人的《パーソナル》な関係からトランスパーソナルな関係へとシフトさせるのを助けます。とくに愛しあっているカップルや家族間の関係などに役立ちます。「グレース」のエロヒムとエル・ヴェロンがエネルギーを注入しました。

＊ユニバーサル・ディトックス Universal Detox（宇宙的な解毒剤）

「グレース」のエロヒムと「清純」のエロヒムの賛助のもとに、ゼ・オールの力を得てつくられました。変化に対するエネルギー体の抵抗を解き放ち、中毒や嗜癖傾向を断って生命力を呼び込めるようにしてくれます。あなたが育まれているのを感じ、陰陽のバランスを保つことを助け、否定のない変化を押し進め、新たな健康へのヴィジョンを育成します。破壊的な思考や感情、ELF（超低周波）、マイクロ波、浮遊体、束縛、誓い、健康に関する過去の決意、中毒の処理、四次元のひずみ、他者の映像などといった毒素を、スピリット体、精神体、感情体から一掃します。エーテル性青写真にある毒性残留物をきれいに浄化するのです。ユニバーサル・ディトックスはごく少量を使用すべきです。適切な肉体面の浄化プログラムと一緒に用いるのもいいでしょう。

＊ヨッド Yod

あなたのエネルギー体がスムーズな変異に必要な十個のヨッドの肩付き文字を受け取り、吸収することを可能にします。ライトボディの必須栄養素です。タク・グループと大天使アリエルがこのポーションを注入しました。

●ポーション・セット

＊愛しのわが家の環境パック Home Sweet Home Enviro-pack 二本セット

エネルギー的に清浄かつ安全で安心感のある家をもつことは、だれにとっても必要です。この環境パックは次の二本のポーションがセットになっています。

クレンズ（浄化）　古い思考形態や感情、アストラル残存物、浮遊物など、一般的に古いエネルギーを取り除くようにできています。

シール（封印）　これは浄化した空間を封印して、あなたが安心してマスターとして存在できる空間環境を維持するようにはたらきます。各エネルギー体の調和を図って一体化させ、スピリットとの明確なコミュニケーションが保たれることを促します。

この環境パックには説明書がついています。「純粋」のエロヒム、「喜悦《ラプチャー》」のエロヒムと大天使ウリエルがインフューズしました。

＊サーフ・アップ Surf's Up!（波乗り時）四本セット

この新しいセットは、私たちが現在経験している極端なホログラフィック・シフトを乗り切れるように手助けするものです。ポーションはあなたのホログラフィックな外的現実にはたらきかけ、またオイルはあなたの内的現実の風景に作用します。これらの四本は、いずれにせよすべて数か月以内に必要になると思われるので、単品では扱っていません。私たち全員がこれらすべてのエネルギーに乗ることを学ばなければならないでしょう。このセットは、次々やってくる大津波をあなたが優雅に乗りこなしていけるよう促してくれます。

錬金術《アルケミー》オイル　「聖なる創造」の謎を明らかにします。このオイルはあなたが自分のなかの無数の可能性の扉をひらき、そのなかから最高のものを選択して具現化させるのを助けます。もっとも具現化の可能性が高い能力を花開かせ、あなたの内的現実をつねに広げつづけてくれます。

主権オイル　「聖なる独自性」の謎を明らかにします。「現実」をまったく同じように見る者は二人として存在しません。これが「聖なる独自性」からの贈り物です。このオイルはあなたの内的現実の風景を安定させます。あなたが自分で参加することを選んだ現実に、あなた自身をしっかり立たせてくれるように作用するのです。

運命ポーション　すべてほしい、いまほしい、私の手元に届けてほしい！……というとき、このポーションはあなたがいち早く地上の天国を具現化できるように直線的時間を崩壊させてくれます。すべてのエネルギーが「張りついたまま」だったり、「すべてがのしかかってくる」ように感じられるときは、このポーションがホログラフィックな早送りボタンの役目をしてくれます。もっとも高い確率で即時具現化できる能力を花開かせ、あなたのホログラフィックな外的現実をつねに広げつづけます。大天使アリエル、ミカエル、ラファエル、ラズィエル、ツァディキエルが、エロヒムとしての根源創造主の機能でインフューズしました。

進行阻止ポーション　ランダムな現実を緊急に安定化させるトニックです。多くの人々が「夢のなかを歩いている」あるいは「砂地獄のような現実でタップダンスを踊っている」ように感じています。このポーションはあなたのホログラフィックな外的現実への知覚を安定させ、それによって自分の方向性が定まるように促します。ホログラフィックなポーズ・ボタンのように外界からの刺激をスローダウンさせてくれ、また一方ではあなたの静止しているホログラムにはたらきかけるのです。これはあなたが「悪いことだらけ」の日々を体験していて、実際には現実化してほしくないことなのに、どうしてもあなたがそれに焦点を合わせてしまうような場合にとても役に立ってくれます。ゼ・オール、タク・グループ、コロニス、そして「自由」のエロヒムと「調和」のエロヒムがインフューズしました。

運命ポーションと進行阻止ポーションは、一緒に使用することはできません。この二つは反対の方向に作用するからです。オイルは、二つのオイルを一緒に、あるいはポーションと合わせて使うこともできます。神秘のオイルはすべて聖父庁よりJ・J・ウイルソンを通じてインフューズされました。また、エンジェリック・アウトリーチ・ポーションのすべては、タシラ・タチ－レンを通してアイン・ソフ評議会のメンバーによってインフューズされました。これらサーフ・アップの四本は、セットとしてのみ扱われています。

●ポーションの使い方

《基本的な使用方法》

① 一日に三回、舌下に七滴を落とすか、スピリットの指示にしたがって使用する。
② 頭頂のクラウン・チャクラに（あるいはほかのチャクラにも）数滴落として塗布する。（この方法は、振動性の効果を体内に送りこむのに適しているようです）
③ お気に入りの飲み物に数滴を落とす。
④ 身のまわりの環境に用いる。
・部屋のなかを一まわりしながら、約半メートルごとに数滴ずつ振りまく。
・部屋のすみに数滴を落とす。

・水（できれば蒸留水）に滴下して、それをアトマイザーやスプレーボトルに入れて噴霧する。加湿器に落としたり、植物や動物や自分の体にスプレーしてもよい。

・鈴やベル、ドラ、チャイムなどに数滴落とし、それを鳴らして部屋中の波動を共鳴させる。

・何であれ増幅用グリッドに数滴落とす。〔訳注　たとえば自分でつくったヴォルテックスでも、自然に存在するものでも、機械的なヴォルテックス発生装置でもかまわないということです〕

⑤ ペットたちに

動物たちも変異の最中にあります。彼らは私たちのような精神的なふるい分けのメカニズムをもちません。ですから平行現実やアストラル界のエンティティ、エネルギーのシフトなどが感じられたり見えたりするために、おびえたり攻撃的になったり、元気がなくなったりすることがあります。もしもおびえていたり元気がないときには、一滴の「デヴァイン・エクスプレッション」を飲み水に一滴加えてあげるといいでしょう。また、彼らがあなたの問題解決に寄与しようとしてくれたり、あなたが家を空けなければならないという場合には、少量の「パス・カッター」を水に落としてみてください。攻撃的だったりいらいらしたり、新しい動物を家に入れなければならないというときには、「トランスパーソナル・トランスフォーメーション」と「コ・クリエーション」を水に加えてあげましょう。また「セレニティ」はどんな場合にも、またどのポーションとも組み合わせて使えます。彼らが変異中であれば、「マグニフィセンス」が役に立ちます。もしもペットが病気になったら、輝くような健康を明確にビジュアライゼーションして「ヘブンリー・ボディ」を用いましょう。「ユニヴァーサル・

ディトックス」は目や耳に落として用いられたケースもあり、水に滴下すれば寄生虫や菌や伝染病のもとを浄化します。

シャンプーやボディシャンプー、化粧水、ボディローションやお風呂のお湯に数滴たらします。

このポーションは具現化のためのポーションですから、あなたが焦点を合わせていることをさらに強化し、現実のものにします。したがってこれを用いるときは、あなたが自分自身の肉体について何を現実化させているのかによく注意してください。

《特定の使用方法》

ヘブンリー・ボディ

運動家、武道家などの人は、使う用具のあなたの体がふれるところ（テニスの選手ならラケットのグリップなど）に数滴を落とせば、その用具本来の自然な動きをしてくれます。新しい技を身につけたり能力を研ぎ澄まそうとするときも、気持ちよくそれができるようになり、自然に完璧な動きへとまとめられていくでしょう。

健康や美容のため、または実験的にダイエットをしている人は、摂取する食べ物や飲み物に一滴加えてみれば、それらの食べ物や飲み物が望んだ効果をもたらしているかどうかを識別する助けになります。その結果によって食べ物を変えたり、またはその食べ物が体に与える作用を変えることができます。栄養補給の錠剤などを水で飲むときにも一滴落とすと同様のことができます。

マグニフィセンス

ディセンション（次元降下）の過程にあるとき、これを足につけてみてください。すると肉体にどんどんエネルギーが入るように助けられます。痛む関節にマッサージしながら塗布しましょう。変異症状についてまわる全般的な不快感は、お風呂に数滴落として入浴し、心配ごとは水に流しましょう！

パスカッター

このポーションは、あなたがすでに人類の遺伝的意識から解放され、そこを近道している場合にのみ使用すべきです。そうでないと、肉体からくるプロセスに投げ込まれてしまうでしょう。もし肉体がなんらかのエネルギーにちょっとでも引っかかっているような場合は、「パスカッター」を直接そこへ滴下してすりこむと、そのエネルギーを解放するのに役立ちます。また、カルマ的なマトリックスを取り除くワークの直前や、そのあと二週間にわたって用いると効果的であることがわかっています。「パスカッター」は解放や表現に対するあなたの抵抗を崩壊させてくれます。それはあなたを「スピリットよ、どんと来て！　何でも必要なことを私にさせてください」という状態にしてくれるでしょう。

クォンタム・ウェルス

財布や小銭入れ、小切手帳、ポケットなどに数滴を落としましょう。体に用いるだけでなく身のまわりの品々にも使うと、とても役に立つポーションです。それはあなたに宇宙的な流れを開き、以前にはとても可能とは思えなかったようなことを引き起こしてくれます。「クォンタム・ウェルス」はまず最初に、あなたがどこで流れを阻止したり、人生のどこに欠けているものがあると思っているかを見せてくれるようにはたらきます。これは単に情報として受けとり、現実化させないようにしてください。「クォンタム・ウェルス」が壁を取り除き、人生の豊かさに焦点をあてつづけてくれるのを受け入れましょう。

サービス・ワン・オン・ワン

クライアントに接するときに手を洗う人は、このポーションを両手に一滴ずつたらすとあなたのエネルギーをシフトさせてくれるでしょう。また、クライアントとのワーク中にあなたの飲み物に数滴落とせば、あなたのチャネルが開きやすくなり、トランスパーソナルな状態を保たせてくれます。

ユニヴァーサル・ディトックス

ほんのちょっとずつ使用しましょう！　あなたのスピリットの指示にしたがってください。

愛しのわが家の環境パック

このパックはあなたの家やオフィス、そのほかどんな場所であれ、ちょっとエネルギーがこもっていたり陰鬱だったり、重苦しかったり、あるいは不気味だったりするような場合に、その空間を清浄なものにするために使います。そこに存在するエネルギーの強度に応じて、使う溶液の濃さを変えることができます。

この二つのポーション、「クレンズ」と「シール」はいつ使用してもかまいません。先にクレンズを使って、そのあとにシールを使います。あなたの体に用いる場合、エンティティの解放やグリッドのテクニックと一緒に使うと強力です。クレンズは古い思考形態や感情、アストラル残存物、亡霊など、古びたエネルギー全般を取り除くようにできています。このクレンズとシールはあなたのエネルギー体を調和統合させて維持し、スピリットとの明確なコミュニケーションがとれるようにします。

また、周辺にスプレーする方法もあります。蒸留水を入れたスプレーボトルを二つ用意し、ひとつはクレンズ、ひとつはシールのために使います。それぞれ二～七滴ずつを蒸留水にたらして、まわりにスプレーしましょう。まずはクレンズで浄化、次にシールで封印です。

あなたの家にこれを使う場合は、最初に家全体にクレンズをスプレーしてください。とくにすべてのドア、窓、鏡、天井、床、部屋のすみなどは念入りに、またクローゼットのなかも忘れずにスプレーしましょう。スプレーボトルのノズルをしぼり、天井や床、鏡やバルコニーにスプレーで神聖幾何学の図形やシンボルを描くこともできます。その場を歩きながらエンティティの解放を行ないましょう。さて、その次にまったく同じ場所にシールをスプレーしていきます。今度はグリッドを呼び、そこにあなたが入れたいエネルギーを何でも召喚します。「平和」「グレース」「純粋」「希望」「勝利」「調和」などのエロヒムを、あなたが共鳴する色の光線とともに召喚することをおすすめします。

これらは基本的な使い方です。こうした手順は、あなたの関心や意図やそこに含める要素によって高等魔術の儀式として行なうこともできますし、単に気軽な手入れとしてもできます。クリエイティブな強い意図をもってのぞんでください。

自分のスペースには、特定のグリッド・エネルギーを設定することができます。ほかの人たちにも影響を及ぼすので、あなたがその場にどんなエネルギーを設定したのかを覚えておきましょう。もしもあなたのスペースでだれかが居心地よくないようであれば、そのグリッドを調整する必要があるかもしれません。

祈りの言葉

はじめに——ライトワーカーのみなさんへ

私たちは地球上に肉体をもって存在しているあなたがたの役に立つようにと、「祈りの言葉」をもたらすことにしました。この惑星の「光」の次元へのアセンションを手助けするために、今回七〜八百万人のライトワーカーが転生しています。

これらの「祈りの言葉」はあなたのライトボディを構築し、スピリットを肉体に宿らせ、体を癒してバランスをとり、そして喜びの道を歩むことをサポートするためのものです。

「光線への祈り」にはたくさんの用い方があります。自分や人のためのヒーリング、高次元との接触、情報とエネルギーへのアクセス、防護、変容などです。これらの「光」の影響力に馴染んでいってください。また「グレース」のシルバー光線は、あなたが描くどのような「光線」とも組み合わせて用いることが可能です。真珠色に輝かせてください！

さまざまな「資質への祈り」は「光線への祈り」とあわせて一緒に使うことができます。それは放射された光線の相に対応して調和するのです。また、あなた自身やまわりの空間に特別な資質を育てたいときには、単独でも使用できます。

これらの「祈りの言葉」のフレーズは暗号化されています。つまりひとつひとつの語にエネルギーの層が存在しているということです。ですから言葉を変えないようにしてください。

この時期にこの惑星に存在してくれているみなさんに感謝します。あなたがたの「光」への奉仕と献身は、本当に見ていて美しいものです。

願ってください、そうすればすべてはあなたを助けるために与えられます。私たちはあなたがたを愛しています。そして常にあなたがたとともにいます。

根源に奉仕する根源からの者
大天使アリエル

「明晰さ《クラリティ》」への祈り

わたしは「無限のいま」のなかに立つ
すべての道はわたしに開かれている

わたしは「無限のいま」のなかで愛す
すべての進路はわたしに明かされている

わたしは「無限のいま」のなかで笑う
すべての行程をわたしは知っている

「無限のいま」にすべてのパワーがある
「無限のいま」にすべての愛がある
「無限のいま」にすべての明晰さがある

わたしはスピリットの流れのなかで行動し
そして生き、愛し、知る――「すべてなるもの」を

「一体化」への祈り

「われ在り」はキリスト意識を宿すもの
「われ在り」はスピリットと完全にひとつ

「われ在り」はキリスト意識を宿すもの
「われ在り」は「すべてなるもの」と完全にひとつ
わたし自身という存在の「光」が
わたしの道を照らしだす

「われ在り」はキリスト意識を宿すもの
「われ在り」は「未来のすべてなるもの」と完全にひとつ
わたしのハートのなかには
「根源の光」が輝いている

わたしはスピリットと一体になって歩む
わたしは「根源」と一体になって笑う

わたしは仲間たちと一体になって愛す

アイ・アム、
「われ在り」はキリスト意識を宿すもの
アイ・アム、
「われ在り」は天と地をつなぐ橋

「赤の光線」への祈り

わたしはルビーレッドの
光線のエロヒムを召喚します
あなたの「光」が
わたしの全身に注ぎ込まれますように

わたしはルビーレッドの
光線のエロヒムを召喚します
わたしの細胞のひとつひとつに
「根源の力」が注ぎ込まれますように
わたしの体を「光」でつくり直してください

ルビーの「光」がすべての細胞の傷を癒して
あらゆるストレスと痛みを解き放ち
どんな変化への恐れも鎮めてくれますように

わたしの体は「光」のなかで完全です
わたしという存在は「光」のなかで穏やかです
わたしは「根源の力」をもっています

「平安」への祈り

わたしは内側へと入ってゆき
そしてクリスタルの蓮の花びらを開きます

内側へと入り
蓮の花が開くにつれて
わたしの精神、わたしの肉体、わたしの感情は
静かになっていきます

わたしの意識が蓮の中心に入ると
アイ・アム、
「われ在り」という存在に安らぎを感じます
わたしはスピリットの静穏さの流れに身をゆだねます

わたしが蓮の内側に落ちつくとき
ブッダとは「わたし自身」だったことを知ります

「オレンジ色の光線」への祈り

わたしはカーネリアン色の
光線のエロヒムを召喚します
「神の生命力」が
わたしの体じゅうに注ぎ込まれますように

わたしはオレンジ色の光線を召喚します
わたしの「聖なる創造性」が目覚めますように

わたしはオレンジ色の光線を召喚します
この惑星への愛と結びつきが深まりますように

アイ・アム、
「われ在り」は流れと変化のマスターです
わたしはすべての創造に美しさを感じます

「創造性」への祈り

わたしは「聖なる表現」で沸きたつ
創造性のスパークは生命の火花
わたしは良質の粘土の彫刻のように
現実を彫りあげる

アイ・アム、
「われ在り」はこの人生をつむぐ職人マスター
わたしは「光」のなかにこの惑星のヴィジョンを創造する
そして見よ、「光」はそこにある

わたしは親切な人々の肖像を描く
そして見よ、もっと多くの愛が世界にある
わたしはスピリットの流れを歌う
そして見よ、「われ在り」は高く舞いあがる

「黄色の光線」への祈り

わたしはトパーズ色の
光線のエロヒムを召喚します
「聖なる理解」が
わたしの全身に注ぎ込まれますように

黄色の光線を通して
わたしはみずからの「聖なる目的」に目覚めます

わたしは黄色の光線を召喚します
「根源のヴィジョン」に対する奉仕の感覚が
強められますように

わたしはトパーズ色の光線を召喚します
わたしのエゴを和らげてください
スピリットにすべてをゆだねられますように

「目覚め」への祈り

アイ・アム、わたしは「われ在り」という子供を呼ぶ
手をとって楽しさを教えてもらうために
アイ・アム、わたしは「われ在り」という子供を呼ぶ
「われ在り」という世界のすべてに
発見の嬉しさを見せてもらうために

わたしはこの手をとって
銀河のパターンで舞い踊る
わたしは心を開き
マスターした者のパターンで歌う

アイ・アム、わたしは「われ在り」という子供
そしてわたしの可能性のすべてを呼び起こす
アイ・アム、わたしは「われ在り」を目覚めさせる

「緑色の光線」への祈り

わたしはエメラルドグリーンの
光線のエロヒムを召喚します
わたしの体じゅうに豊かさが注ぎ込まれますように

わたしはエメラルドグリーンの光線のエロヒムを召喚します
わたしの「聖なる流れ」につながりますように
上のごとく下もかくなりてあり

わたしは緑色の光線を召喚します
このハートが完全に開いたままでいられますように

わたしはエメラルド色の光線を召喚します
わたしの豊かさの創造が助けられますように
上のごとく下もかくなりてあり
すべては「愛」、すべては「流れ」

「聖なる流れ」への祈り

アイ・アム、
「われ在り」は宇宙
自分自身を再構築する
アイ・アム、
「われ在り」は宇宙
わたしからわたしを通じ、わたしへと流れて
わたしが見るものすべてを創造する

アイ・アム、
わたしは「すべてなるもの」の「聖なる流れ」
豊かさはわたしの動き
アイ・アム、
「われ在り」は宇宙
自分自身を再構築する
豊かさに満ちるように

「青の光線」への祈り

わたしはサファイアブルーの
光線のエロヒムを召喚します
わたしの体のすみずみまで
「神聖なる翻訳」の「光」が注ぎ込まれますように

わたしはサファイア色の
光線のエロヒムを召喚します
アイ・アム、
「われ在り」がだれであるのか
真実を話せるよう
わたしの体のすみずみまで
「聖なる真実」を注ぎ込んでください

わたしはサファイアブルーの光線を召喚します
わたしが愛を伝えるために

そしてわたしの「光の翻訳」が「光」になるために
力を貸してください

わたしはサファイアブルーの
光線のエロヒムを召喚します
わたしの声を甘くなごやかにしてください
人々が「神の真実」を聞けるように

「笑い」への祈り

笑いは百薬の長だという
笑いは罪の解毒剤だという

笑いは時間の無駄だともいう
わたしは告げよう、笑いはとても神聖なものだと

この惑星にはたくさんのシリアスな人々がおられ
彼らに「コズミック・ジョーク」はまるで通じない

またある人たちは「宇宙の真理」と呼ぶものを
夢中になって生涯追跡しつづける

けれどわたしは天の上でジョークを聞いた
――笑いは真理なり
そして、おちはいつでも「愛」なのだ

「インディゴブルーの光線」への祈り

わたしはインディゴブルーの
光線のエロヒムを召喚します
わたしの第三の眼と第四の眼を目覚めさせ、強化してください
わたしはいま、「見ること」を選択しています

わたしはスターサファイア色の
光線のエロヒムを召喚します
わたしがだれなのかという記憶をもつ星を
呼び覚ましてください

わたしはインディゴブルーの
光線のエロヒムを召喚します
記憶細胞が活性化され
わたしが思い出して理解できますように

「宇宙」への祈り

アイ・アム、「われ在り」は宇宙
「われ在り」は銀河の回転と渦巻き
「われ在り」は軌道をめぐる惑星の運動
「われ在り」は夜空のほうき星

アイ・アム、
「われ在り」はスピリットの流れで動く人間
アイ・アム、
「われ在り」は「すべてなるもの」を内包するひとつの原子

アイ・アム、「われ在り」は宇宙
舞い踊りながら笑い声をあげる

アイ・アム、「われ在り」は「命」

「紫色の光線」への祈り

わたしは紫色の光線のエロヒムを召喚します
「われ在り」であるすべてに
「聖なる変容」がもたらされますように

わたしはアメジスト色の光線を召喚します
ひとつひとつの細胞がみな変容し
それぞれの体のあらゆる原子が
「高次の光」になりますように

わたしは紫の炎を召喚します
この魂のなかで燃えさかり
スピリットからわたしを隔離するヴェールを
すべてはぎ取ってください

わたしは紫の炎を召喚します

わたしの幻影がすべて焼きつくされ
わたしの抵抗がすべて焼きつくされ
そしてわたしの恐れが愛に変わりますように

「炎の守護者」への祈り

アイ・アム、「われ在り」は炎の守護者
わたしは炎を
この世界のすみずみへと広めます

アイ・アム、「われ在り」は炎の守護者
わたしはそれを
わたしという存在のすみずみまで広めます

わたしは神の炎を高々とかかげます
「聖なる計画」の輝く「光」が
人々に見えるように

アイ・アム、「われ在り」は炎の守護者
たくさんの世界にそれをたずさえていきます
人々が「光」を知り、受け継がれていくように

「金色の光線」への祈り

わたしは金色の光線のエロヒムを召喚します
わたしの意識に
「聖なる知恵」が注ぎ込まれますように

わたしは金色の光線のエロヒムを召喚します
宇宙の重さと大きさ、バランスと割合が
明かされますように

わたしは金色の光線のエロヒムを召喚します
わたしの心が照らしだされ
理解によって平和な心が育ちますように

行動には賢くあり
感情には調和がとれ
心には平安が宿りますように

「マスター性」への祈り

アイ・アム、「われ在り」はマスター
次元のあいだを踊りながら通り抜ける

「われ在り」は可能性のマスター
いくつもの明日を「いま」のなかに編み込む

「われ在り」はバランスのマスター
人生の綱渡りを軽やかにスキップしていく

アイ・アム、「われ在り」はマスター
その強さは慈しみにある

アイ・アム、「われ在り」はマスター
無限とたわむれる者

アイ・アム、「われ在り」はマスター
星々をくすぐる者

「シルバー光線」への祈り

わたしはシルバー光線のエロヒムを召喚します
わたしのすべての体に
「聖なる恵み」が注ぎ込まれますように

わたしはシルバー光線のエロヒムを召喚します
すべてのカルマのパターンが解き放たれ
すべての恨みのポケットが取りはずされ
わたしが喜びを知りますように

わたしは「グレース」のエロヒムを召喚します
わたしという存在が許しに満たされますように
わたしの人生が感謝に満たされますように
そしてわたしのハートが祝福に満たされますように

わたしはシルバー光線のエロヒムを召喚します

わたしのどんなささいなことへの拘束も解き放たれ
憎しみのくびきが打ち砕かれ
そしてわたしの魂が自由になりますように

わたしは「グレース」のエロヒムを召喚します
いま、
生きる喜びでわたしを満たしてください

「喜び」への祈り

わたしのつま先はむずむずして
道ゆく足は踊りだす
わたしのおなかにはくすくす笑いがひそみ
出会う人すべてを抱きしめてしまう
わたしのハートには噴水があって
世界じゅうに愛を降りそそぐ

スピリットの「喜び」を知っているから
わたしは魂のなかで笑う
生きていることに喜びがあるから
わたしは「光」をたたえる

「コパーの光線」への祈り

わたしはコパー（赤銅色）の
光線のエロヒムを召喚します
「聖なる生命」の青写真が見えますように

わたしはコパーの光線のエロヒムを召喚します
わたしの存在のパターンが見えますように

コパーの光線にお願いします
どうかわたしのすべての体に
あらゆる重要な光線を結びつけ、維持してください

わたしはコパーの光線のエロヒムを召喚します
わたしがスパイラル・ダンスに導かれ
「光」へとアセンションしますように

「スパイラル・ダンス」への祈り

わたしは自分の中心から
螺旋《スパイラル》を呼び出す
わたしはスピンし、輝きはじめる

中心からわたしの魂の故郷のなかに
螺旋を伸ばしてゆく

わたしはこの魂を広げ、スピンするように定める
わたしの体のなかでダンスが始まる

螺旋は伸び、その先端がハートに達する
それはわたしの体を包みこみ、振動しはじめる

最高次のスピリットから魂へ
上のごとく下もかくなりてあり

もうひとつ、高次の光で創造された螺旋が
キリストからもたらされ
ともに調和して完璧なスピンとなり
その先端が内側の奥深くへと運ばれる

それが触れたところには炎がとても明るく輝き
わたしの体を光のなかに引き入れる

内なるキリストが
もろもろの銀河をスピンさせる

アイ・アム、
「われ在り」が入った光のなかで
スパイラル・ダンスをわたしたちにリードさせてください

「ターコイズ色の光線」への祈り

わたしはターコイズ色（トルコ石色）の
光線のエロヒムを召喚します
わたしを「聖なる意識」の大海へと
導いてくれますように

わたしはターコイズ色の光線を召喚します
わたし自身のすべての転生と結びつきますように

わたしはターコイズ色の光線を召喚します
わたし自身が具現化したすべてと結びつきますように

アイ・アム、
「われ在り」は「偉大なる意識」とひとつです
「われ在り」は「聖なる結合」です
わたしたちは光のなかに飛び込み、笑います

「飛翔」への祈り

わたしは背中がうずうずするのを感じる
肩には重さを感じる
わたしは自分のつばさが広がるのを感じる

飛ぶ準備をしていると
風の呼び声が聞こえる
大空の自由の匂いがする
のぼりはじめるとき
わたしは奇跡のふちに触れる

舞いあがる感覚が大好き
急降下のスリルも知っている
神の顔にキスするとき
わたしの輝きは空を照らしだす

「ピンクの光線」への祈り

わたしはピンクの光線のエロヒムを召喚します
「聖なる一体性」が注ぎ込まれますように

わたしはピンクの光線のエロヒムを召喚します
キリストとしてのわたし自身を
受け入れられるように力を貸してください

わたしはピンクの光線のエロヒムを召喚します
わたしのすべての体に「聖なる愛」が注ぎ込まれますように
キリストの愛がわたしのすみずみまでゆきわたりますように
スピリットの「一体性」が、わたしを通して活動しますように

アイ・アム、「われ在り」はキリスト意識を宿すもの
アイ・アム、「われ在り」は「根源」とひとつです

「奉仕」への祈り

わたしはキリストの名のもとに願います
わたしが「光」のなかに保たれますように

わたしは神の名のもとに願います
「一なるもの」への奉仕において
導かれ、守られますように

わたしは「根源」の名のもとに願います
わたしがより存分に奉仕できるように
聖霊シェヒーナよ、
あなたの贈り物でわたしを満たしてください

わたしはヨッド・ヘイ・ヴァヴ・ヘイの名のもとに願います
わたしがこの世界で
「光」に奉仕できますように

「喜悦《ラプチャー》の光線」への祈り

わたしは喜悦《ラプチャー》の光線のエロヒムを召喚します
あなたの「光」がわたしのすべての体のなかへと
注ぎ込まれますように

わたしは喜悦《ラプチャー》の光線のエロヒムを召喚します
わたしの「光」の乗り物を組み立てるのを
手伝ってください

わたしは喜悦《ラプチャー》の光線のエロヒムを召喚します
わたしを「アイ・アム・プレゼンス」に結びつけてください
わたしは喜悦《ラプチャー》の光線のエロヒムを召喚します
わたしがみずからの「根源」に融け合いますように

この「喜悦の光線《ラプチャー》」の色を表わすのにいちばん近い言葉は金色、コパー、ハニーブロンズといったところです。すべての光線が融け合って白になる直前をイメージしてみてください。またこの光線は、しばしばほかの光線よりもとろりとした感じで、まるで蜂蜜のような濃密さがあります。

「アイ・アム・プレゼンス（われ臨在す）」への祈り

アヘィア・アッシャー・アヘィア
アイ・アム、われはわれたるもの
わたしは「光の仲間たち」を召喚します
わたしは「光の守護者たち」を召喚します
わたしは「光の天使たち」を召喚します

アイ・アム、
「われ在り」としてわたしを助けるために
アイ・アム、
「われ在り」であるために
アイ・アム、
「われ在り」にわたしを結びつけてください

アヘィア・アッシャー・アヘィア
アイ・アム、われはわれたるもの

「白い光線」への祈り

わたしは白い光線のエロヒムを召喚します
わたしという存在のすみずみまで
完全なる結晶構造の「根源の光」が
注ぎ込まれますように

わたしは白い光線のエロヒムを召喚します
わたしのすべての体のクリスタル・テンプレートが
活性化されますように

わたしを白い光線の完全さに
同調させてください
それによってわたしが満たされますように
わたしは白い光線のエロヒムを召喚します
神の「光」がわたしに満ちあふれますように

「カドゥッシュ・ハーシェム」への祈り

祝福されしはヨッド・ヘイ・ヴァヴ・ヘイ[*1]
カドゥッシュ！　カドゥッシュ！　カドゥッシュ！
聖なるかな！　聖なるかな！　聖なるかな！

聖なる秩序を定められた
全宇宙の王よ、
あなたの意志によって
わたしの人生の秩序が定められますように

祝福されしはヨッド・ヘイ・ヴァヴ・ヘイ
カドゥッシュ！　カドゥッシュ！　カドゥッシュ！
アドナイ・ツァバヨット[*2]
無限の「光」
無限の「愛」
無限の「真実」

人々の主なる神よ、
あなたの「栄光」が地球をおおいますように
あなたの「光」が天を支えるごとく
地球を支えてくれますように

聖なるかな！　聖なるかな！　聖なるかな！
それは人々の主なる神
地球があなたの「栄光」におおわれますように
この世界とそして「来たるべき世界」において

カドゥッシュ！　カドゥッシュ！　カドゥッシュ！
アドナイ・ツァバヨット
メルローコホル・ハラツ・キヴォド！
レオラム・ヴォエッド

アーメン　アーメン　アーメン　アーメン

＊1　ヨッド・ヘイ・ヴァヴ・ヘイ　アルファベットのヘブライ語読みで「Y《ヨッド》H《ヘイ》V《ヴァヴ》H《ヘイ》」、すなわちヤハウェ（神）のこと。テトラグラマトン（四文字語）といわれる。

＊2　カドゥッシュ！　カドゥッシュ！　カドゥッシュ！　アドナイ・ツァバヨット　「聖なるかな！　聖なるかな！　聖なるかな！　人々の主なる神よ」という意のヘブライ語。J・J・ハータック博士の"The Keys of Enoch"（エノクの鍵）では聖なるマントラとされている言葉。

アーメン

アイ・アム、
「われ在り」は「光」の寺院、アーメン
アイ・アム、「われ在り」は「聖約のアーク」[*3]の守護者
わたしは内なるハートに神の掟をもつ
わたしはヴェールのあいだを行き来する
わたしはみずからの「根源」と語り合う
アーメン

アイ・アム、
「われ在り」は「光」の寺院、アーメン
聖なる御名《みな》の文字がわたしの眉間から輝きを放つ
アイ・アム、「われ在り」はアイン・ソフの三重炎[*4]の守護者
アイ・アム、「われ在り」は内なるスピリットの寺院の神官
アーメン

アイ・アム、
「われ在り」は「光」の寺院、アーメン
アイ・アム、「われ在り」は「聖約のアーク」の守護者
すべてが「光」の寺院となるために
わたしは文字の炎を世界にむけて輝かせる
聖約の守り手たちよ

アイ・アム、
「われ在り」は「光」の寺院、アーメン
アイ・アム、「われ在り」は「聖約のアーク」の守護者
アーメン　アーメン　アーメン　アーメン

＊3　聖約のアーク（the Sacred Arc of the Covenant）　モーゼが神から授かった「十戒」の石版を収めてあるという箱。著者によれば、脳下垂体と松果体が開かれたときにできる虹色のアーチで、「光の言語」の解読装置。

＊4　三重炎（Threefold Flame）　中心に金色の「知恵」、その両脇にピンク色の「愛」と青い色の「パワー」がそなわってひとつの炎になったもので、アセンションした存在の統合性を表わす。しばしばアセンション関係の著書では、この炎の拡大がアセンションにつながる重要な鍵であることが述べられている。

謝辞

次の人々に心からの感謝をささげます。

大好きなスザーン・コロニス、休みなくわき出るあなたの知恵と、とほうもない笑い、そして楽しくやりつづけることをいつも思い出させてくれたことに。

驚くべき流麗さでこの本を具現化させるために力をつくしてくれたディレクター、トニー・スタッブスへ。あなたは最初からついていてくれました。そう、これはあなたなしにできませんでした。最高！

J・J・ウイルソン、その信じられないような洞察力、ユーモア、熱烈さと愛情に。「エンジェリック・アウトリーチ」の肉体と魂をひとつにまとめてくれているのはあなたです。あなたなしには達成できませんでした。

ゲリー・ジョンソン、美しいアルファ・チェンバーの創造者、このプロジェクトに対する財政的およびスピリチュアルな面での支援に。あなたのおかげで、ただ「耐え抜く」のみという必要がなくなりました。

きらめきに満ちたドロレス・モントーヤへ、テープ起こしと、地球を虹とフェアリー・ダストで包みこんでくれたことに。

ポール・バーダー、混沌のさなかで原稿に加筆してくれたことに。

スザンナ・リーデルフス、原稿修正とつらいときにみんなを笑わせてくれたことに。

地球外に存在する地球作戦本部へ、その素晴らしい刺激と無慈悲なまでのユーモアに。あなたがたをとても愛しています！

ラルフ・エドモンズ、ルーシー・ギーア、マーク・クレイマー、アリーシャとジーク・ウエネソン、リー・ハバード、ファラデイ・タブラー、ミシェル・ラ・プライズ、バーバラ・ブルックス、アラーシア、アンタラー、スー・ゲージへ。このプロジェクトへの経済的かつスピリチュアルなサポートに。

オーテンハウス社のロブ・ジェラードとキャシー・クックへ、アセンションに役立つ資料を地球上に具現化しようとするヴィジョンと、「エンジェリック・アウトリーチ」をそれに含めたいと思ってくれたことに。

大天使アリエルとアイン・ソフ評議会〈クルー〉へ。この肉体に宿るライトワーカーにとって、これ以上望めないほど最高の多次元的サポートチームでいてくれたことに。

天の協力者セーラ・ベンジャミン・ローズ、この本の見事な編集に。こうした仕事につながっている編集者であることは素晴らしく、その正確さと率直さに心から感謝します。これからまた一緒に本がつくれることを期待しています。

「エンジェリック・アウトリーチ」を愛しサポートしてくれた、またはくれているすべてのライトワーカーのみなさん、そしてこの本に出ている情報を使って一緒に地上に天国を創造しているみなさんへ。

さあ、行動しはじめましょう！

第三版　訳者あとがき

この『ライトボディの目覚め』がはじめて日本で発行されたのは二〇〇八年の十月でした。当時の日本の出版界ではだれもまだ見たことがないような、特殊なワークの専門書といえるものでした。英語圏とは異なり、こうした言霊パワー全開のワークはほとんど見当たらなかったような時代に、この本の出版に踏み切られたナチュラルスピリットの今井社長の先見の明とご英断に、あらためて驚愕とともに大感謝をする次第です。

二〇〇〇年には改訂版が出され、その後も快調に重版されてきた実績があり、多くの方々のお手元でその効力を発揮してきました。まさかこれほどのロングセラーになるとは、この本の出版を勧めた私も想像していませんでした。あらためて日本のみなさんの懐の深さを感じています。

今回の版では、原書二〇〇七年版に追加された著者（この時点ではザラザイエル・ヨヴェル）のまえがきを新しく組み入れたものです。

私は長い期間を費やしてこの本の内容と向き合ってきました。実際、真実を追求していく過程で、それまでに体得したあらゆるヒーリング・テクニックをふるいにかけ、一度はすべてを手放したのです。しかし山ほどある多種多様なワーク類をバッサリと捨て去った後、それでも何度となく緊急時に助けられたのがこのライトボディのワークでした。ここに提供されているフレーズを使えば、信じているかどうかに関係なく必ず役に立ってくれ、ヒーリングワークとしての最強のポイントをくり返し確認することになったのでした。

というわけで、この本は大変おすすめです。二十年継続して使える本が世の中にどのくらいあるでしょう。いいものはいい、ということでしょうが、このパワーをささえているのは他でもない著者の意図の強烈さだと思います。

私がこの本にほれ込んだのも、この特異なパワフルさゆえでした。とにかくパワフルで、「あなたたちが信じようが信じまいが、私たちはここに在る」という、どっしりとした土台の上に構築されているワーク体系なのです。著者の肉体のなかでは、タチ－レンからアライアへ、さらにザラザイエルへとさまざまなウォーク・インが起こったわけですが、それぞれの存在に強固な意図のパワーが受け継がれ、効果の持続性が具現化されています。

このワークは人類に必要だし扱えるからこそ、もたらされています。初版当時から二十年を経て世界は大きく様変わりしましたが、この本で提示されている本質的な人類の進化の方向性はますます明らかになってきていると思います。より多くの人々が自分本来のパワーに目覚めはじめているこの時代こそ、この本の必要性が高まっているのかもしれません。

ただし私たち人類はヒーリング技術を体得して利用する以前に、すでにすべて「大丈夫」な状態になろうとしているという方向から見ると、その先があることも示唆しておきましょう。それは人類がまったく新しい自己認識を得ることであり、それとともにこれからの子供たちがよりスムーズに生きていけるような新たな理解と視野が開かれることになるだろう、ということです。

いまこの本を読んでいるあなた、「あなた」はまさに個人的に大切な、ある種の分岐点に立たれているはずです。あなたには重要な役目があるのです。

あなたが決定すること、実行すること、無意識に投射している意識状態、あなたの生き方のすべてが、全体をよりよい方向へ動かす素地の肥やしになっていきます。

あなたは今日、どう生きますか？

これからどう生きたいですか？

山ほどたくさんのアドバイスを受け取っても、実際に人生でそれを応用していくのは他のだれでもないあなた自身です。建設的に生きようが、非建設的に生きようが、時間は同じように流れていってしまうものです。どうせなら心から楽しく生きましょう。一瞬一瞬、最高の「いま」を生きてください。

さあ、実現可能なところから、どんどん自分が素直に気持ちよく生きていけるようにしましょう。その過程で、『ライトボディの目覚め』はきっとあなたの貴重で強力な助っ人になってくれると思います。

二〇一八年九月

暖かい日光で緑の葉先がきらめく庭先を見つめながら

脇坂りん

◆ポーションに関するお申し込み・お問い合わせ
詳しくは下記ナチュラルスピリットのウェブサイト
https://www.naturalspirit.co.jp/
より「物販のオンライトサイト」をご参照ください（品切れの場合もございます）。
エンジェリックアウトリーチ・ポーションのほかにも各種のポーション、CD、グッズを取り扱っています。

◆著者によるリモート・セッション、ワークショップ等の情報についてもナチュラルスピリットのウェブサイトをご参照ください。
https://www.naturalspirit.co.jp/

著者紹介

タシラ・タチ－レン　Tashira Tachi-ren
(現在：ザラザイエル・ヨヴェル　Zarazaiel Yovel)

タシラ・タチ－レンは、1985年7月11日、ある女性の体内にウォーク・インした男性エネルギーの存在。その状態で大天使アリエルをチャネルし、本書が執筆された。その後1997年12月にタチ－レンはウォーク・アウトし、代わって「聖なる喜悦（ラプチャー）」の本質をもつアライア・ズィオンドラがウォーク・イン。さらに2006年にはアライアに代わり、「聖なる構成」の本質をもつザラザイエル・ヨヴェルがウォーク・インした。以降は、「トラベリングライト」プログラムを地球にもたらしている。リモートセッションと時に来日ワークショップを行っている。

訳者紹介

脇坂りん　Lin Wakisaka

東京生まれ。国立オーストラリア大学教養学部言語学科卒、オーストラリア在住。訳書に『フラワー・オブ・ライフ』第1巻（ナチュラルスピリット）がある。

ライトボディの目覚め
第三版

●

平成 10 年 10 月 10 日　初版発行
平成 12 年 5 月 12 日　改訂新版発行
令和 4 年 12 月 12 日　第三版第 3 刷発行　累計 15 刷

著者／大天使アリエル＆タシラ・タチ - レン
訳者／脇坂りん
装画／アンフィニィ〔吉野陽子〕

発行者／今井博揮
発行所／株式会社 ナチュラルスピリット
〒101-0051 東京都千代田区神田神保町3-2 高橋ビル2階
TEL 03-6450-5938　FAX 03-6450-5978
info@naturalspirit.co.jp
https://www.naturalspirit.co.jp/

印刷所／シナノ印刷株式会社

ISBN978-4-86451-281-7 C0014